Conway Lloyd Morgan   Triad Berlin   culture media environment

Conway Lloyd Morgan   Triad Berlin
culture media environment

avedition rockets

Conway Lloyd Morgan

ERZÄHLFORMEN	006	NARRATIVE	007
ORT	026	LOCATION	027
BEWEGUNG	046	MOTION	047
MYTHOS	062	MYTH	063
ÜBERSETZUNG	076	TRANSLATION	077

088	PROJEKTAUSWAHL 1995–1998 PROJECT SELECTION	094	Der Traum vom Sehen The Dream of Vision
		102	S-Klasse Exponate S-Class Exhibits
		106	Lehrter Stadtbahnhof Lehrter Railway Station
110	PROJEKTAUSWAHL 1999–2000 PROJECT SELECTION	112	Countdown West 2K
		116	Planet m
		122	CargoLifter Aërium
128	PROJEKTAUSWAHL 2001–2002 PROJECT SELECTION	130	BMW Erlebnis- und Auslieferungszentrum Experience and Delivery Centre
		134	Stall Interface
		138	Die Lietzenburg The Lietzenburg
		142	Happy End
		152	Ausstellungs- und Informationspavillon Visitor Information Pavilion
		156	Acht Jahre Triad Berlin Eight Years of Triad Berlin
		158	Triad ist … Triad is …

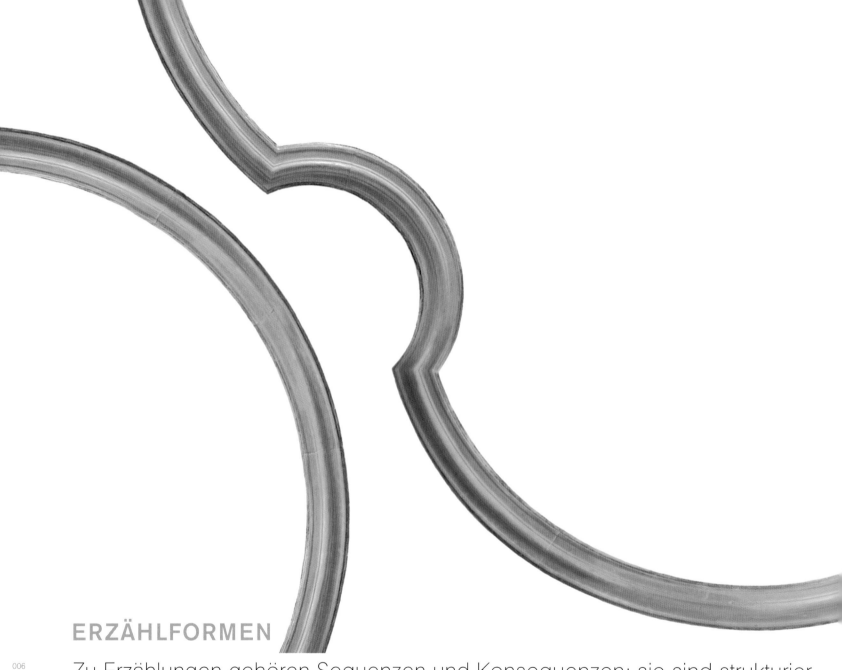

ERZÄHLFORMEN

Zu Erzählungen gehören Sequenzen und Konsequenzen: sie sind strukturierte Abfolgen von Ereignissen, deren Bedeutung ebenso aus der Verbindung der Ereignisse hervorgeht wie die Ereignisse selbst aus Inhalt und Kontext. Wir selbst, Sklaven der Zeit, empfinden Geschichten als unabdingbare Konstruktionen, die unser Leben und unsere Mitmenschen charakterisieren, wobei die Zeit die Sequenzen vorgibt, die wir mit Konsequenzen füllen können. || Dass

NARRATIVE

Narrative implies sequence, and also consequence: a narrative is a structured set of events, within which meaning derives as much from the links between the events as the events themselves, from content and context. We, the slaves of time, 'that most artificial of all our inventions' as Sebald puts it in Austerlitz, see narrative as a necessary structure, defining both our own lives and those around us, time providing a sequence to which we can attach consequence.

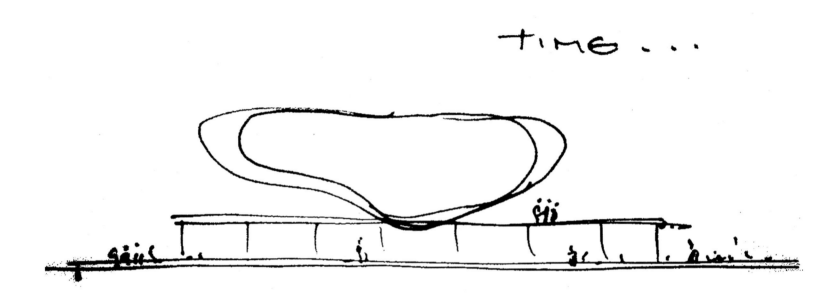

kreative Arbeit, sei es Musik oder Literatur, Kunst oder Design, uns so tief beeindruckt, liegt vielleicht auch daran, dass sie von außerhalb dieser unangenehmen Allgegenwart der Geschichten zu stammen scheint. Ihre Neuartigkeit, das Neusein, scheint die Sequenz zu durchbrechen. Kreative Werke existierten vorher einfach nicht, Worte standen nie zuvor in dieser Reihenfolge, Farben bildeten nicht dieses Muster, Töne nicht diese Melodie. Dieser Einbruch, dieses

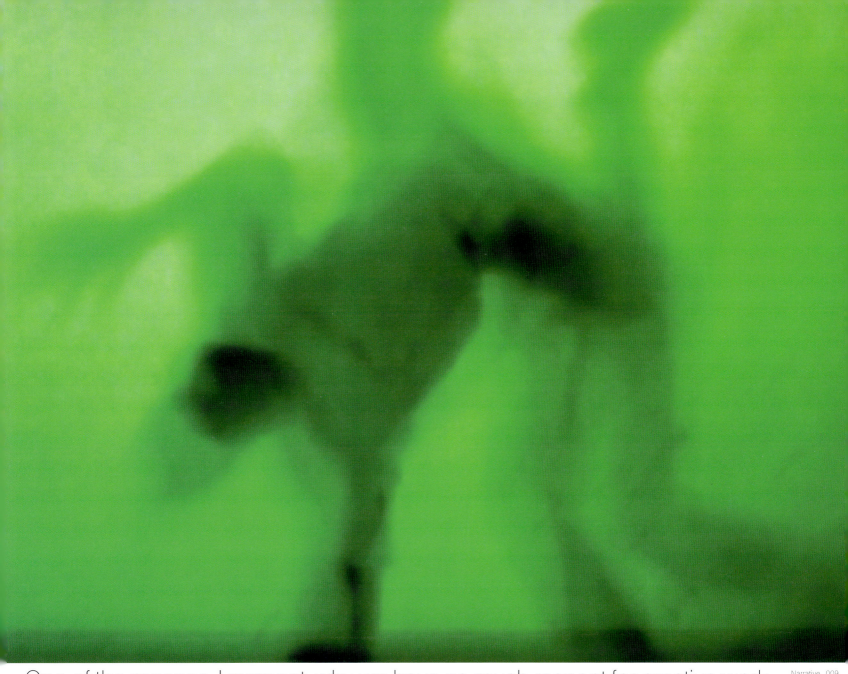

One of the reasons, I suspect, why we have so much respect for creative work, be it music or literature, art or design, is that it seems to arise from outside this cloying presence of narrative. Its very novelty, its newness, seems to break the sequence. Creative works simply were not there before, the words were never in that order, the pigments in that pattern, the notes in that melody. Our senses welcome this irruption, this challenge to order (and even the most sober, dull,

010 Erzählformen

Herausfordern der gewohnten Ordnung erfreut unsere Sinne (und so betrachtet ist selbst der röhrende Hirsch eine Herausforderung). Natürlich sagt uns gleichzeitig der Verstand, dass auch hinter Neuem eine Geschichte steckt, ein Prozess, durch den es entstanden ist; nicht nur der mechanische Vorgang des Tippens oder Malens, sondern ein intellektueller, emotionaler, menschlicher Prozess. Manchmal wird ein Teil des Prozesses offenbar, manchmal nichts, aber

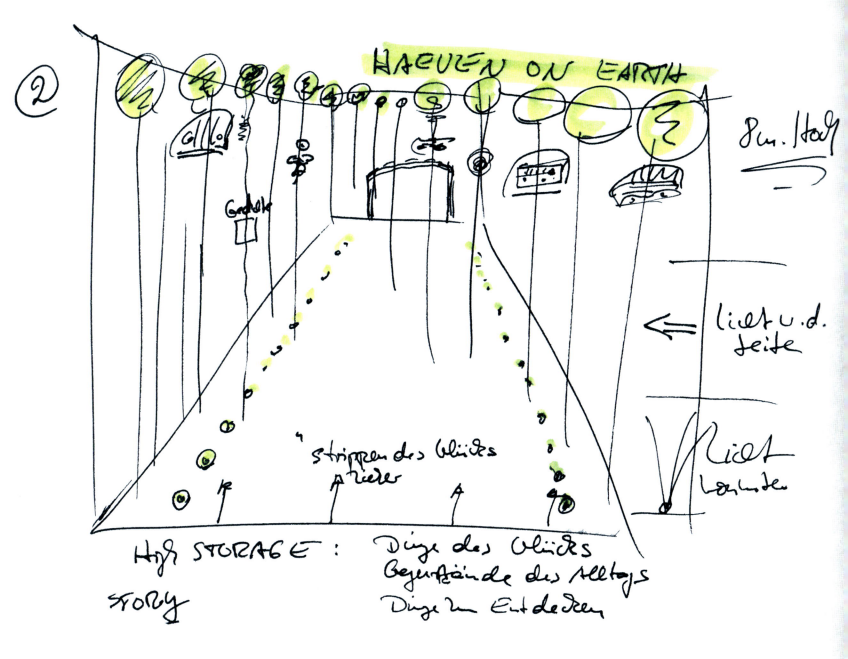

bourgeois portrait of a nonentity is a challenge, in that sense.) Of course, at the same time logic tells us that there is a narrative behind the new, a process whereby it came into being, not merely the mechanical process of typing letters or applying paint but an intellectual, emotional, human process. Sometimes part of the process is disclosed, sometimes none, but all of it, never. (Any account I write of why I am now writing these words, for example, is simply an

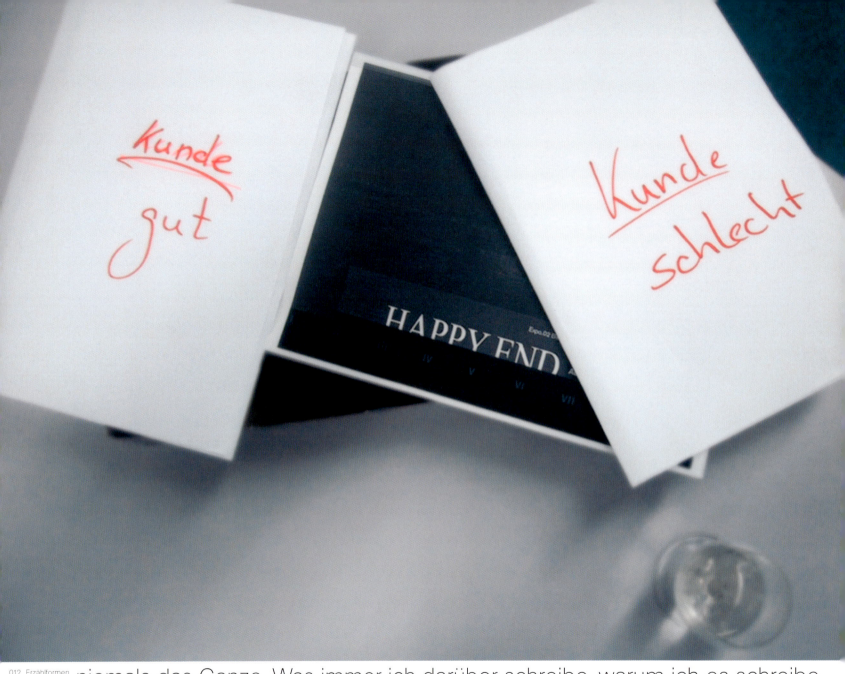

niemals das Ganze. Was immer ich darüber schreibe, warum ich es schreibe, ist zum Beispiel nur eine Ausweitung der Geschichte, nicht ihre Erklärung. ‖ Das Gefühl der Mehrdeutigkeit, das uns manchmal bei der Betrachtung von gestalteten Inszenierungen befällt, erwächst also vielleicht aus unserem mutmaßlichen Wissen um ihren Kontext – das Teamwork, das Verhältnis zwischen Kunde und Gestalter, die Marktsituation usw. Es heißt, ein Bergsteiger steigt auf

extension of the narrative, not its elucidation.) || This sense of ambiguity we can sometimes feel in contemplating design perhaps therefore arises from our supposed knowledge of the narratives that surround design – the concepts of teamwork, of the client/designer relationship, of the structures of markets, and so on. As the old saying goes, a climber climbs a mountain because it is there, an artist paints a picture because it isn't there. And the designer? Creates a

014 Erzählformen

einen Berg, weil er da ist; ein Maler malt ein Bild, weil es nicht da ist. Und der Gestalter? Entwirft er einen Messestand, weil er da sein soll? Beim Bergsteiger und Maler erwartet man Unvoreingenommenheit, die man dem Gestalter kaum zugesteht (obwohl auch der Maler einen Gönner und der Bergsteiger einen Sponsor haben könnte). Diese Kombination aus Neuem und Angefordertem macht Gestaltung als Erzählform so spannend. || In einer Projektgesellschaft

trade fair stand because it has to be there? We assume some element of disinterest on the part of the climber and the artist which we doubt is present with the designer (though a moment's reflection suggests that the artist may have a patron and the climber a producer.) It is the combination of the new and the ordered that is confusing. ‖ Take a design agency like Triad, which created itself to be its own first client, and the roles both of narrative and novelty become

wie Triad, die sich selbst erschuf, um ihr erster Kunde zu werden, werden die Rollen der Geschichten und des Neuseins immer komplexer. Der Versuch, Triad darzustellen, kann auf den Geschichten wurzeln, darf sich aber nicht darauf beschränken. Eine Geschichte bedeutet also nicht nur, etwas zu erzählen, sondern einen Kontext zu schaffen, in dem sie erzählt werden kann. Wie in dem Projekt Der Traum vom Sehen. Es fing damit an, dass Lutz Engelke sich

increasingly complex. The task of accounting for what Triad is may be rooted in narrative, but is not bound by it. Narrative, therefore, does not mean simply telling the tale, but of building the context in which the tale can be told. Take the Dream of Vision project. It began because Lutz Engelke asked himself a question: 'if television is the most important communication media of the last fifty years, should we not understand it better?' The result, several years later, was a

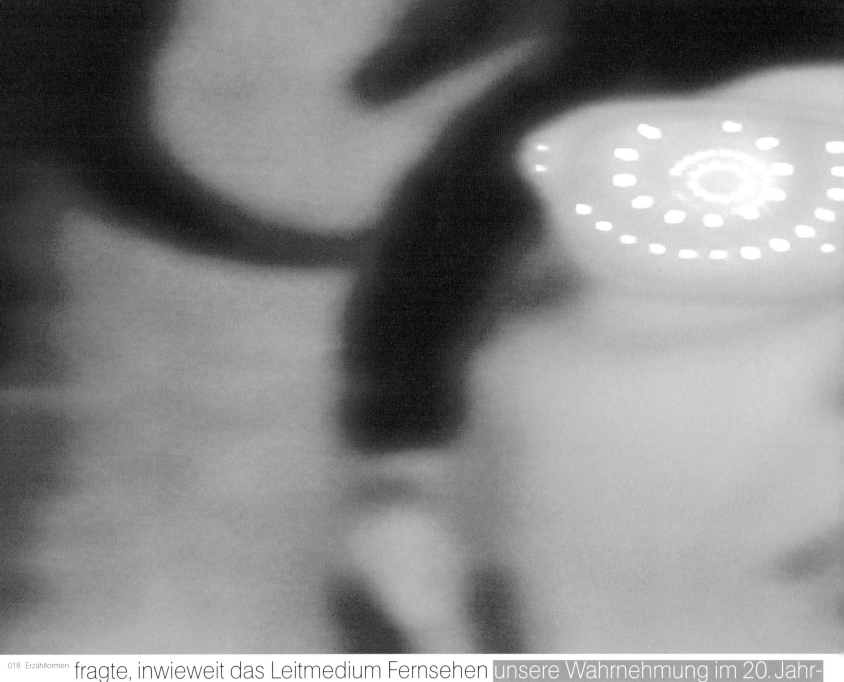

fragte, inwieweit das Leitmedium Fernsehen unsere Wahrnehmung im 20. Jahrhundert verändert hat. Das Ergebnis war einige Jahre später eine sehr erfolgreiche Ausstellung, die die Kulturgeschichte des Fernsehens darstellte und feierte. ‖ Ich glaube, dieses Projekt konnte nur in Deutschland umgesetzt werden (die Franzosen hätten Philosophen damit beschäftigt, die Engländer hätten die Bedeutung dieser Ausstellung nicht erkannt, für die Italiener ist das

very successful exhibition that examined and celebrated the cultural history of television. || This was also a project that could not have happened elsewhere than in Germany, I suspect (the French would have just thrown a couple of philosophers at the idea, the English would not see the relevance of an exhibition, the Italians know television was only created for opera and football, etc.) But in Germany the idea of a public exhibition to address a philosophical

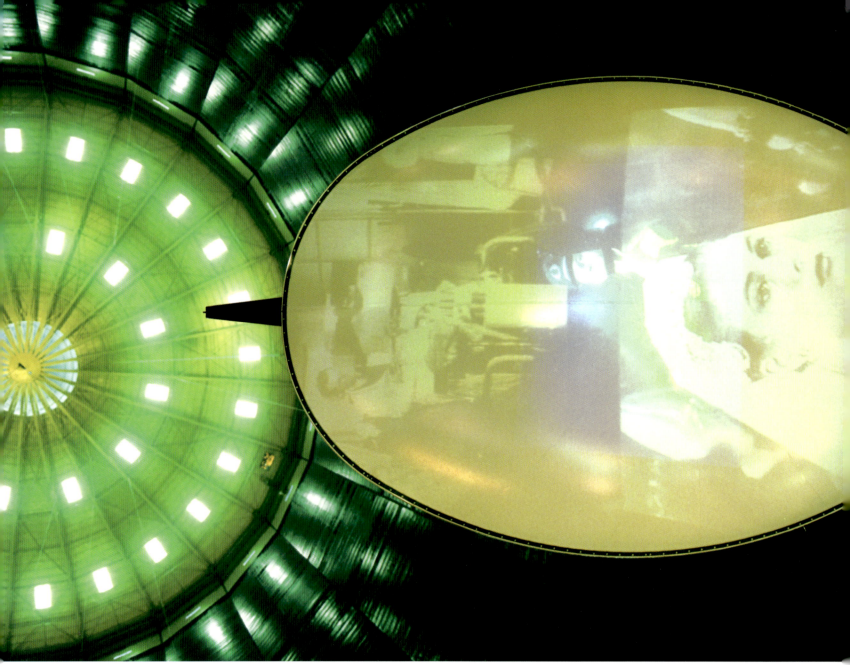

Fernsehen ausschließlich für Opern und Fußball erfunden worden, etc.). Aber in Deutschland klingt der Vorschlag einer öffentlichen Ausstellung zu einem philosophischen Thema vernünftig. Und innerhalb Deutschlands ging er natürlich von Berlin aus, einer Stadt, die sich seit der letzten Dekade des 20. Jahrhunderts physisch und psychisch ständig selbst neu erfindet. So wurden das Wo und Wie in der Geschichte von Triad Teil des Warum. || Triad wurde ins Leben

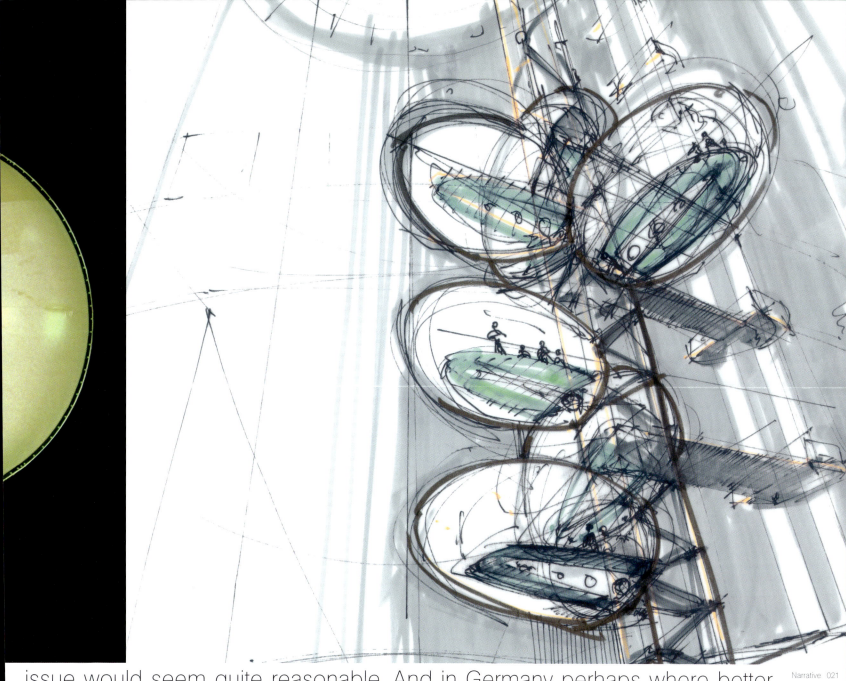

issue would seem quite reasonable. And in Germany perhaps where better than from Berlin, a city that has been **reinventing itself** physically and psychologically since the last decade of the twentieth century. Thus where and how in the Triad story become part of why. || The agency was formed in order to create the Dream of Vision. Nikolaus Hafermass became creative director, bringing in several years' experience and a range of client contacts. While developing the

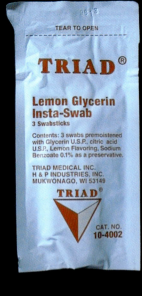

022 Erzählformen

gerufen, um den Traum vom Sehen zu verwirklichen. Während der Entwicklung und der Sponsorensuche wurden auch kommerzielle Aufträge angenommen, um ein Einkommen zu sichern und einen breit gefächerten Mitarbeiterpool aufzubauen. Als Nikolaus Hafermaas den Bereich der Gestaltung übernahm, brachte er einige Jahre Erfahrung und gute Kundenkontakte mit. Das Hauptaugenmerk auf den Traum schuf einen neuen Blickwinkel, eine Alternative zur

project and raising sponsorship, Triad took on commercial work for revenue and to build a skills base. Nikolaus Hafermaas became creative director, bringing several years experience and a range of client contacts with him. But the primary focus on the Dream gave the new agency a different angle of vision, a variant on the normal narrative structure. The three key terms, culture, media and environment, that defined the Triad approach required a multi-disciplinary

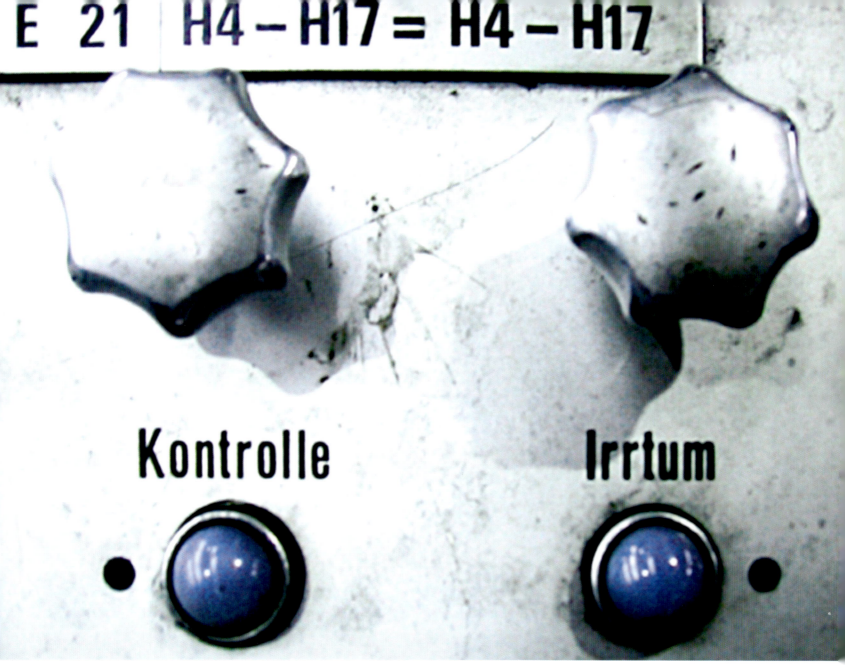

üblichen, erzählenden Struktur. Die drei Schlüsselbegriffe Culture, Media, Environment, über die Triad sich definiert, erforderten ein Team aus unterschiedlichsten Fachgebieten. Zusammen mit Grafikdesignern arbeiteten Architekten und Ingenieure, Bühnenbildner und Philosophen, Autoren und Medienfachleute an ihren gemeinsamen Visionen. Dieser kulturelle Rahmen und diese Haltung bestimmen von Anfang an die Geschichte von Triad.

team from the start. Not just graphic designers, but architect and engineers, theatre designers and philosophers, writers and media specialists, all worked together on a **collective series of visions.** This cultural setting and professional attitude define the story of Triad from the beginning.

ORT

In Berlin gibt es zwei anerkannte Arten, die Straße zu überqueren: es gibt nach wie vor zwei verschiedene Ampelsymbole für Fußgänger. Ein System stammt aus dem Ostteil der Stadt, das andere aus dem Westen. In ersterem trägt die gehende, grüne Figur einen Hut und die stehende, rote Figur streckt die Arme aus. Es ginge sicher zu weit, diesem kleinen Unterschied eine tiefere Symbolik beizumessen, aber er erinnert stets daran, dass ein Ort immer nur die oberste

LOCATION

There are two ways to cross the street in Berlin: two proper ways, I mean. For the city retains **two different sets of icons** directing pedestrians. One is from the East German sector, the other from the West. In the former the green walking figure wears an enormous hat, while the red figure for stop has its arms outstretched. And while it would be absurd to read too much symbolism into these minor urban characters, they are a reminder that every location is the top

von vielen Schichten aus Geschichte, Erfahrung und Wissen zeigt. Wo man sich befindet, hat nie nur mit einem geografischen Punkt zu tun, sondern auch mit den damit verbundenen, unendlichen Konnotationen. Der Ampelmann, das ostdeutsche Symbol, hat den Sprung von der Straße in die Kultur geschafft: er findet sich auf T-Shirts, Kühlschrankmagneten und Bechern. Was als Versuch der Ostberliner begann, einen Teil ihrer Kultur zu bewahren, hat sich zu einem

layer of <mark>many layers of history, experience and knowledge.</mark> Where we are is not just about the immediate place but its connotations, which may themselves be endless. And the Ampelmann, as the East German signs are called, have passed from a street presence to a cultural one: they are now found on T-shirts, fridge magnets and mugs. What began as an attempt by the inhabitants of the former East Berlin to reclaim part of their heritage has transmuted

Kult-Souvenir entwickelt: eine absurde Symbolik? Oder eine Erinnerung daran, dass sich in einer dynamischen Stadt Wahrnehmungen und Geschichten sehr schnell verändern können. Berlin steckt immer noch voller kreativer Energie und einem Gespür für gute Gelegenheiten und wird nicht wie London oder New York durch hohe Mieten und eingefahrene Strukturen gebremst. || Wenn Erzählen und Gestalten auf einen bestimmten Ort zugeschnitten wird, muss es

into clutter for tourists: absurd symbolism again? Or a reminder that even in a city with a dynamic history perceptions and narratives can change very fast. For Berlin still retains a creative energy and **an ongoing sense of opportunity,** unfettered by the high rents and established structures of say, London or New York. ‖ Design that is site-specific needs not just to take account of these layers of meaning, but can use them intelligently. A former industrial site can frame a

seine Bedeutungsschichten nicht nur berücksichtigen, sondern kann sie intelligent nutzen. Ein Industriedenkmal kann den Rahmen für eine Feier der Vergangenheit bilden, oder den Blick auf die Zukunft lenken, oder einfach einen Prospekt für die Gegenwart bilden – oder alles auf einmal, gut ausbalanciert und mit einer adäquaten Interpretation der Schichten. Eine Villa am Meer wird zu einer Galerie für Künstler, die die Küste als Inspiration nutzen und dort eine

celebration of the past, or offer a vision of a cleaner future, or simply be an arena for the present: or can be all three together, given the right balance, the right reading of the layers. A country house by the sea becomes an art gallery, celebrating the artists who used the shores for their sketches and paintings, and who created an artistic community in the area. Reusing an old traffic control booth as a showcase for multi-media and video art not only gives the space

Location 033

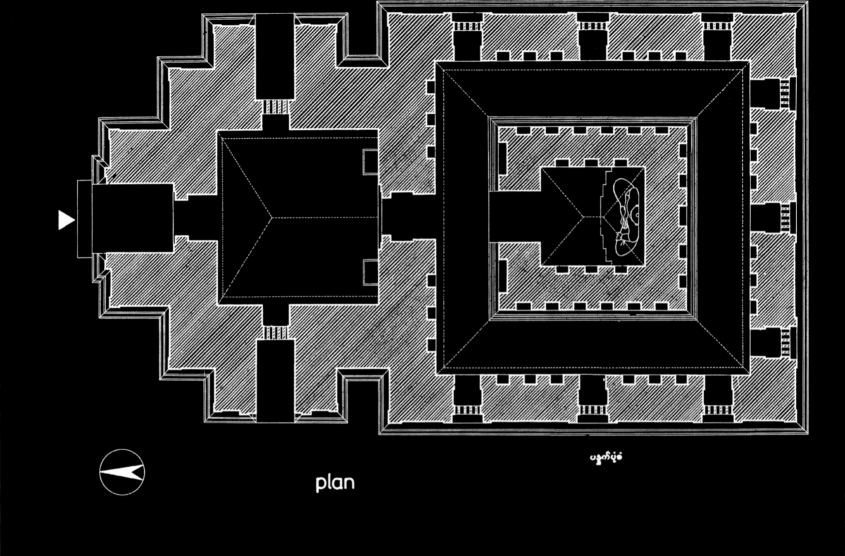

plan

034 Ort

Künstlerkolonie gegründet haben. Und wenn eine historische Verkehrskanzel als Schaukasten für Multimedia- und Videokunst genutzt wird, so wird sie nicht nur wieder ins Straßenbild integriert, sondern erinnert gleichzeitig an andere, ältere Kontrollpunkte, an Mauern und Wachtürme, die, im Falle Berlins, bis vor wenigen Jahren bittere Realität waren. || Die Vorstellung von einem Genius Loci, von geweihtem Boden, ist so alt wie die Religion. Moderne Entsprechungen

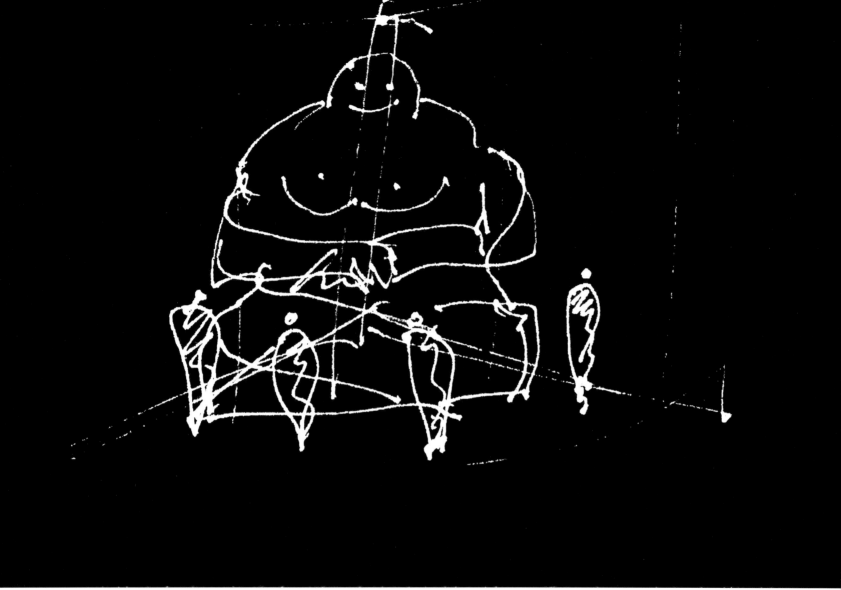

back to the street, but also reminds the inhabitants of other, older points of control, of walls and watchtowers that, in the case of Berlin, were a grim reality until a few years ago. ‖ The notion of genius loci, of the grove sacred to the gods, is, of course, as old as religion itself. It may be that modern equivalents, like Gracelands for Elvis or the gates of Kensington Palace for Princess Diana, are more secular shrines. But this does not mean that the idea has lost its

Location 035

wie Graceland für Elvis oder Kensington Palace für Lady Diana sind zwar weltlicher, aber das bedeutet nicht, dass die Vorstellung an Kraft eingebüßt hätte, sondern dass wir Orte – vielleicht sogar jeden beliebigen Ort – jetzt als reich an Inhalt und Kontext begreifen können. Dies lässt sich auf kreative Weise nutzen, um das, was vermittelt werden soll, zu betonen, und um dem, was dem Ort hinzugefügt wird, eine zusätzliche Dimension zu verleihen. Es kann etwas

force, rather that we can now see any place – or all places – as rich in content and context, and this can be used creatively to strengthen what needs to be communicated, and to extend and to draw out meanings from whatever the design adds to the site. This may be fleeting, like a graffito or even a shadow etched by a flashgun, but while it is seen it adds meaning. ‖ Thus the design of even a temporary space, such as a trade fair stand, can and should also be

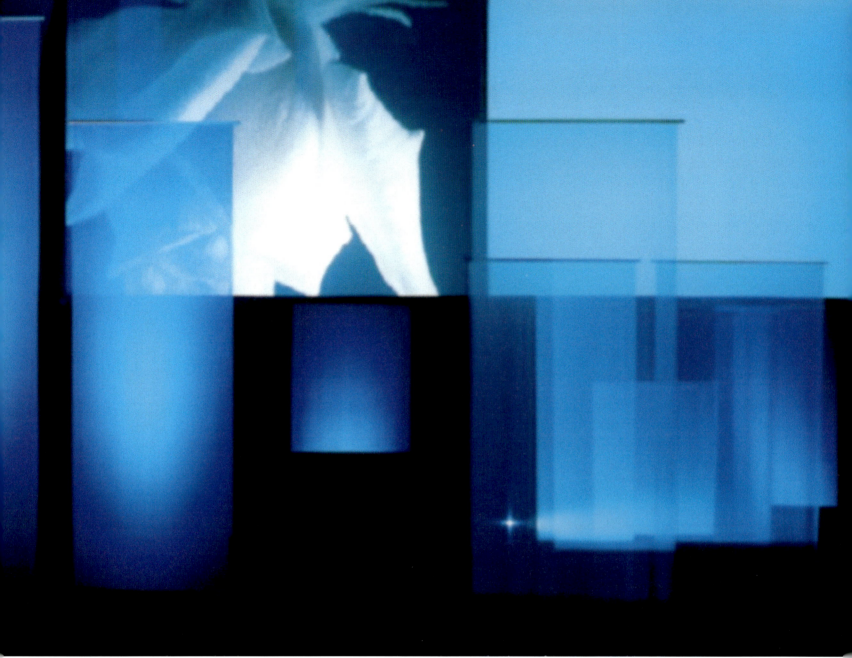

Vergängliches sein, wie ein Graffito oder ein Schatten, den ein Blitzlicht hinterlässt, aber in dem Moment, in dem man ihn sieht, trägt er eine Bedeutung. ‖ Auf diese Weise kann auch zeitlich begrenzte Gestaltung, wie ein Messestand, eine Bedeutung erhalten. Zum Beispiel die Festhalle auf dem Frankfurter Messegelände: eine alte Konzerthalle, von den umstehenden, neueren Gebäuden erniedrigt wie eine alte Jungfer, aber mit einer gewissen majestätischen Würde.

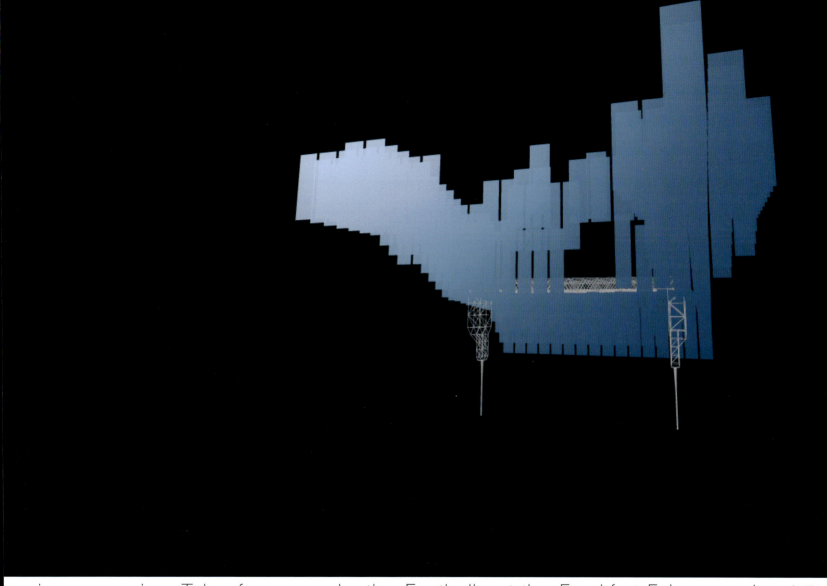

given meaning. Take, for example, the Festhalle at the Frankfurt Fair grounds: an old concert hall, dwarfed like a spinster aunt by the newer constructions alongside it, but with a certain hierarchical dignity. It has played many roles: Spandau Ballet in concert to Ballet Rambert on tour, schwerpunkt-thema for trade fairs to punk rock for rough trade. But for the Frankfurt motor show in September each year it becomes Mercedes' very special space, an environment

Sie hat schon viele Gesichter gezeigt: von Spandau Ballet in Concert bis Ballett Rambert on Tour, vom Schwerpunkt-Thema bei Messen bis zu Punkrock. Und jedes Jahr bei der Frankfurter Automobilausstellung wird sie zum besonderen Ort für Mercedes-Benz, eine kleine Welt für diese Marke. Hier arrangieren Architekten Autos, schaffen Platz für Besucherströme und verleihen dem Raum zusammen mit Kommunikationsdesignern eine Bedeutung. Und zwar

dedicated to the brand. Here the architects arrange the placing of the cars and accommodate the flow of visitors, and work with the communication designers to give the space meaning. A new meaning (or meanings), in fact, for each year: the show is only sequential in a temporal sense: it is a non-linear event, that re-invents itself each year, while drawing at the same time on a shared knowledge of what constitutes the Mercedes identity. ‖ A brand is not simply a

042 Ort

jedes Jahr neue Bedeutung(en). Die Messe ist nur in zeitlicher Hinsicht regelmäßig: ansonsten ist sie ein nicht-lineares Event, das sich selbst jedes Jahr neu definiert und gleichzeitig von dem gemeinsamen Wissen darüber zehrt, was die Identität von Mercedes-Benz ausmacht. ‖ Ein Markenzeichen ist nicht einfach eine Grafik; es ist eine Verschmelzung von Ideen, Reminiszenzen und Überzeugungen über die Aktivitäten und Konzepte des Unternehmens oder

graphic device: it is an accretion of concepts, memories and beliefs about the activity and the concept of a company or product, and has the robust fragility of all such conceptual creations. Working with a brand thus becomes a serious test of skill for the designer, in understanding the spirit and the context: indeed, in this as in so many contexts, the term designer with its bias towards graphic solutions (as in the old term commercial artist) or formal values (as opposed

Produkts, mit der robusten Zerbrechlichkeit aller konzeptionellen Kreationen. Die Arbeit mit einer Marke ist daher eine harte Nuss für den Designer, er muss Geist und Kontext verstehen: hier scheint, wie so oft, der Ausdruck „Designer" mit seiner Neigung zum Formalen nicht angemessen für eine so komplexe Aufgabe, bei der die Kommunikation eine wichtige Rolle spielt und die sich oft im dreidimensionalen Raum abspielt.

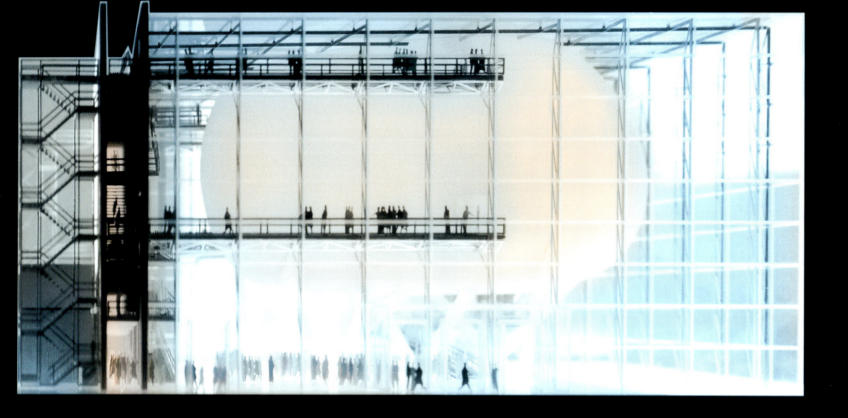

Location 045

to communication ones) seems inadequate today for such a very broad discipline. Design is concerned with communication, but not just graphically. Often it operates in a three-dimensional context, and almost always to a diverse range of audiences, from government bodies, bankers and investors, through clients, resellers and suppliers to different sections of the general public.

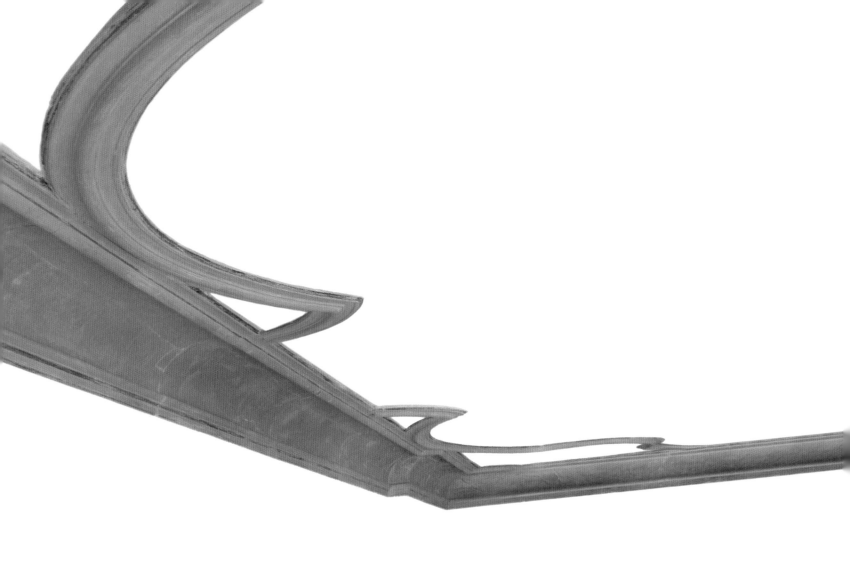

BEWEGUNG

Buckminster Fuller sagte, sein Großvater habe den Atlantik überquert, sein Vater sei um die halbe, und er selbst bereits zweimal um die ganze Welt gereist und wolle es ein drittes Mal tun. Für ihn war dieser Fortschritt so elegant und unvermeidlich wie Fibonaccis Zahlenfolge. Man muss die Möglichkeiten nutzen. ‖ Dreißig Jahre später lesen wir Fullers Sehnsüchte vielleicht etwas vorsichtiger. Wir sind nicht mehr überzeugt, dass man durch Reisen neue Richtungen

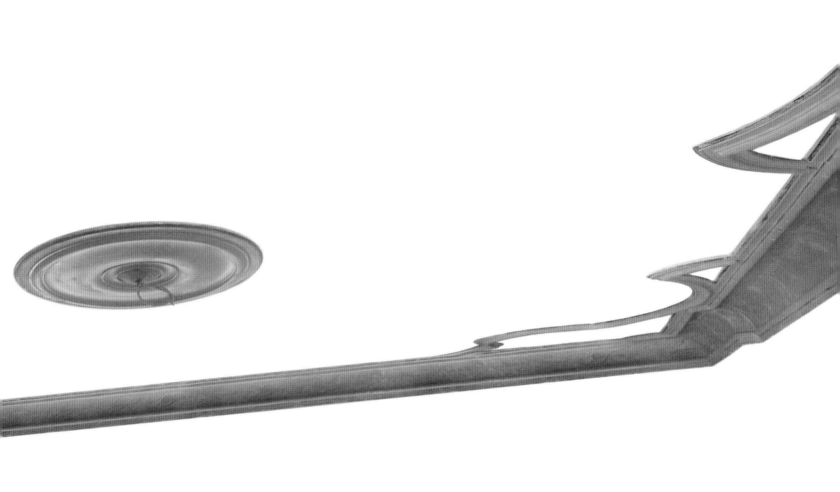

MOTION

Buckminster Fuller used to claim that while his grandfather had crossed the Atlantic, his father had travelled halfway around the world, and he himself had been right around the world twice and was ready for a third go. For him this progression had the elegance and inevitability of a Fibonacci sequence. Potential, for Fuller, was there to be exploited. ‖ Thirty years on and we read Fuller's yearnings more carefully, perhaps. We are less and less convinced that by travelling

findet. Das liegt zum Teil am Gepäck, das wir, willentlich oder nicht, mit uns herumtragen und überall auspacken, und zum Teil daran, dass wir die Erde nicht verlassen, ja, uns noch nicht einmal weit von ausgetretenen Pfaden entfernen können. Vielleicht genügt uns Geschwindigkeit allein nicht mehr, wir wollen Beschleunigung und Veränderung. Unsere Fähigkeit, in großen Mengen Daten zu sammeln und zu visualisieren, trägt dazu bei, dass wir in einer Zeit intensiven

hopefully we will find new destinations. Partly this is because of the baggage that, willingly or not, we carry with us and unpack whenever we stop, partly because we know we cannot get off the planet, or even very far off the beaten track. Perhaps the movement we expect is no longer just velocity, but acceleration, change with change. Our ability to amass and visualise data in large quantities and at great speed feeds this notion that we are living through a

050 Bewegung

Wandels leben, in der die virtuelle Welt eine wichtige Rolle spielt. Zweifelsohne – dem hätte auch Fuller zugestimmt – leistet der Zugang zu Informationen einen großen Beitrag zum sozialen Wandel. Es ist aber fraglich, ob das Virtuelle eine Lösung oder ein Werkzeug ist. Einige Träume von der virtuellen Welt sind bereits verblasst – die immersive VR zum Beispiel hat ihr Potenzial nie ausgeschöpft. Was uns das Virtuelle gelehrt hat, ist: wenn wir nicht 100% erreichen

period of intense change, in which the virtual world plays an important role. It is undoubtedly true – and Fuller would have agreed – that access to information is a major element in social change. But whether virtuality is a solution or just a tool is not so clear. Certainly some of the dreams of the virtual world have faded – immersive VR, for example, never seems to have attained its potential. In fact what our experience of the virtual has taught us is that, if we can't have one

052 Bewegung

können, dann können 60 oder 75% besser sein als 95. So, wie wir Schwarzweißfotos verstehen, können wir mit Hilfe von Redundanz und Entropie auch andere „unvollständige" Signale verstehen. Die digitale Erfahrung lehrt uns, in ihrem Schatten post-digital zu sein. Dadurch erhalten ganzheitliche, physische Erfahrungen einen ganz neuen Wert, zu 100% echt, ohne digitale Komponente. || Die Entwicklung von Triad wirkt zunächst typisch für ein Gestaltungsbüro,

hundred percent, then sixty or seventy-five percent may be better than ninety-five. Just as we can read monochrome photographs, we can understand similar 'incomplete' signals, using redundancy and entropy. Our experience of the digital has taught us, in this sense, how to be post-digital, to not require that kind of input. This in turn creates a new validity for the complete physical experience, one hundred percent real, without any digital element. Triad's own

Eternità

Atemporalità

das mit den neuen Medien groß geworden ist. Aber bei näherer Betrachtung zeigt sich ein anderer Ansatz, der zugunsten eines direkten physischen Kontakts Bildschirm und Maus vermeidet, wo immer es möglich ist: das Automodell im Flightcase bei Mercedes-Benz zum Beispiel, oder der bewegliche Monitor über der originalgroßen Zeichnung von einem Lastwagen. Oder der Showroom für die Wall AG. Was zunächst wie eine riesige Videowand in einem

development looks at first sight typical of a design company growing into competence with the new media. But a closer examination shows a different evolution, abandoning the screen and mouse where possible for direct physical intervention: the push-it-along car in the Mercedes-Benz flight case work, for example, or the sliding screen manipulated over a full-scale drawing of a truck. Or take the showroom created for Wall. What seems to be a standard presen-

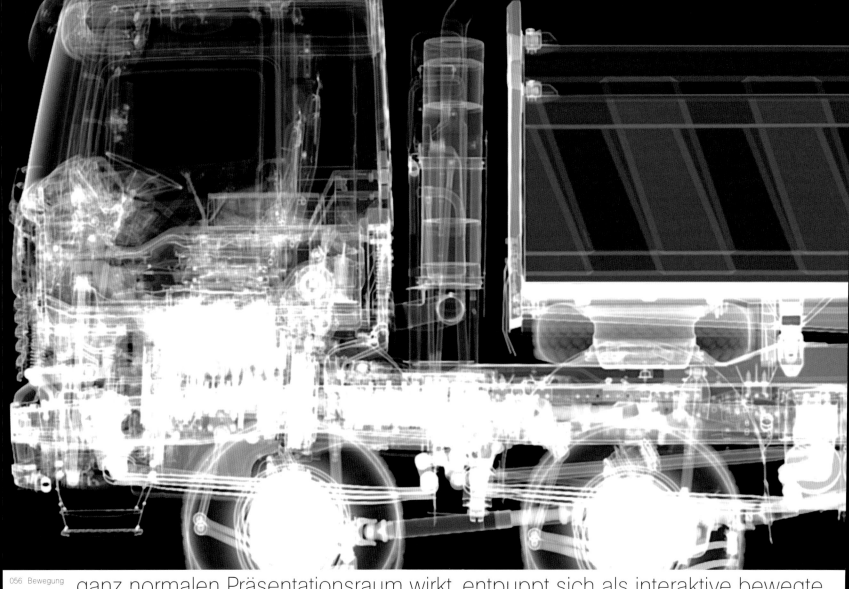

056 Bewegung

ganz normalen Präsentationsraum wirkt, entpuppt sich als interaktive bewegte Bildfläche, sodass man durch neue Bedeutungen – oder durch wiederhergestellte alte – hindurchläuft. Und bei einem so großen Projekt wie der Schweizer Expo.02, bei der viele Gestalter tief in die digitale Trickkiste griffen, um Projekte umzusetzen, kam Triad mit Happy End ganz ohne digitale Unterstützung aus. Die Besucher – über eine Million – warfen mit echten Tellern (und wurden

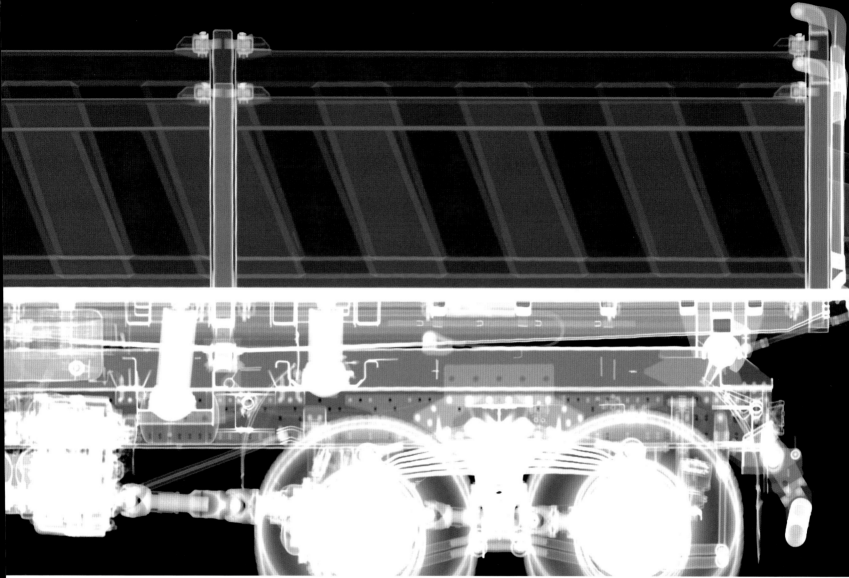

tation suite with a giant video wall becomes a physically interactive environment, giving a new meaning (or restoring the old meaning) to walk-through. And on a project as large-scale as the Zurich Insurance stand at the Swiss Expo.02, where many designers would have delved deep into the digital toolbox to help a project forward, Triad devised their Happy Endings exhibit with no digital support at all. The visitors – more than one million of them – for

mit echten Tellern beworfen) und verließen den Bau über eine riesige Rutsche. Die virtuelle, digitale Welt bietet mit Spielen eine Fluchtmöglichkeit aus der Realität und mit Simulationen eine sicherere Wirklichkeit. Diese beiden Funktionen sind manchmal wichtig und wünschenswert. Das Thema des Happy-End-Pavillons war das Glück, und man kann sich gut vorstellen, wie sich dieses Thema digitalisieren ließe. Aber Triads Interpretation des sehr vage gehaltenen

instance got to throw real plates (and have real plates thrown at them) and left the building sliding down a giant ramp. || The virtual and digital world offers an escape from reality through games or a safe reality through simulation. Both of these functions are sometimes necessary and desirable. The theme of the Happy Endings exhibit was human happiness, and it is easy to imagine how one might digitalise that concept. But Triad's interpretation of their very broad

060 Bewegung

Briefings schloss Simulationen aus. Triad sah das Glück als etwas an, das man in der realen Welt findet und genießt, nicht in einem Konstrukt: der Pavillon sollte nicht „Glück liefern", sondern das Bewusstsein der Besucher für ihr Glückspotenzial wecken und sie dann – buchstäblich – in die reale Welt hinausgleiten lassen, damit sie es selbst entdecken. Diese abschließende Bewegung war sowohl real als auch symbolisch ein Aufbruch ins eigene Leben.

brief logically excluded simulation. Their view was that happiness was something to be found and enjoyed in the real world, not in a construct: the exhibit does not try to 'deliver happiness:' rather its raises the visitors' awareness of the potential for happiness and – literally – slides them out into the world to discover it for themselves. This final movement is both real and symbolic.

MYTHOS

Roland Barthes nannte sein Buch 1957 aus gutem Grund „Mythen des Alltags". Er erkannte, dass Bedeutung nicht aus Ereignissen oder Dingen entsteht, sondern aus ihren Konnotationen und dem Kontext. Striptease und Wrestling, Pommes frites und Mordprozesse, den Citroën DS und die Schlacht von Dien Bien Phu können wir erst dann richtig einordnen, wenn wir ihren mythischen Kontext ebenso kennen wie ihren vordergründigen Inhalt. ‖ Seine Erkenntnisse

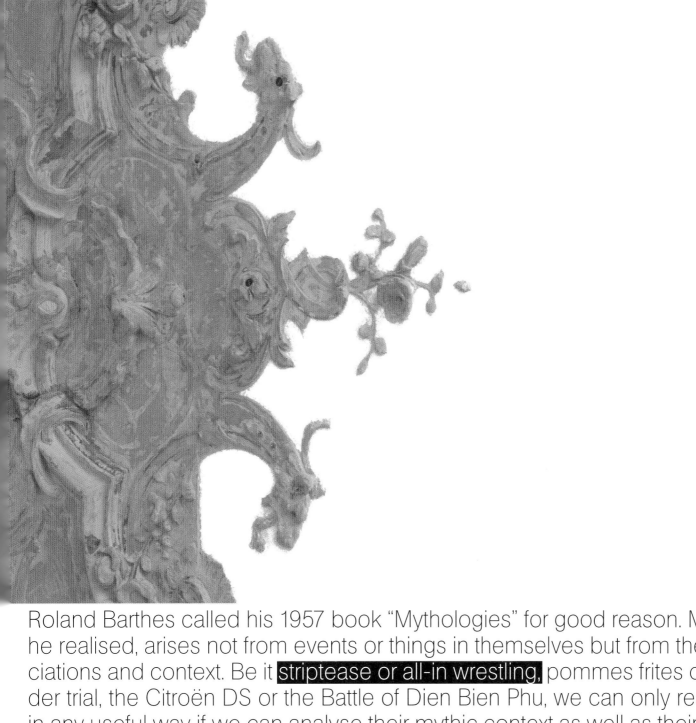

MYTH

Roland Barthes called his 1957 book "Mythologies" for good reason. Meaning, he realised, arises not from events or things in themselves but from their associations and context. Be it striptease or all-in wrestling, pommes frites or a murder trial, the Citroën DS or the Battle of Dien Bien Phu, we can only read them in any useful way if we can analyse their mythic context as well as their superficial content. The keys he offers in the conclusion of the book permit the formal

gehen aber noch weiter: Sie zeigen uns, dass es nicht genügt, neue Ereignisse, Szenarien, Schauplätze oder Objekte zu schaffen. Denn wenn sie nicht ein eigenes mythisches Potenzial besitzen oder sich überzeugend mit existierenden mythischen Strukturen verbinden, werden sie scheitern – am Verständnis, an der Kommunikation, an Taten. || Der Designer gestaltet, um zu kommunizieren, und muss sich während des gesamten Gestaltungsprozesses der

interpretation of language and events, but leave the social interpretation to the knowledge and skills of the reader or user. ‖ In Barthes' case he was anxious to demonstrate the deathgrip he saw petit bourgeois culture as having on French society at the time, but his perceptions go further than that. They show us that it is not enough to create new events, new scenarios, new settings and new objects. If they do not create their own potential for myth, or link convincingly to

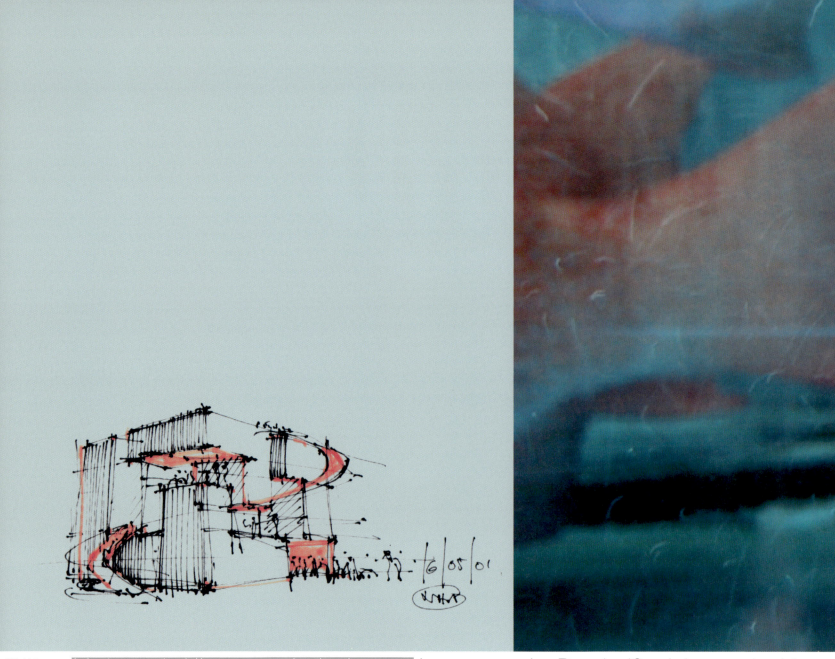

Mythen als Hintergrundschwingung bewusst sein. Das heißt nicht, an der Vergangenheit zu kleben; wo blieben da die Herausforderung, die Aufregung und der Spaß am Design! Es heißt auch nicht, neue Mythen zu schaffen und eine Art Harry-Potter-Option zu wählen. || Erfolgreiches Design muss auf einer tiefgründigen Ebene fast unsichtbar oder nahtlos Verbindungen zu Mythen schaffen oder verstärken. Erfolgreiches Design schafft Überraschungen, verursacht

existing structures of myth, they will fail. Fail to be understood, fail to communicate, fail to act. ‖ Design, which has to create to communicate, must be aware of myth throughout the design process. Not in the sense of being caught up in the past all the time: where would the challenge, excitement and sheer fun of design be in that! Not in the sense of inventing new myths, either, using what one might term the Harry Potter option. (In fact the Harry Potter books rely on

aber keinen Schock, denn seine Anwesenheit ist verständlich und dadurch akzeptabel. Verständlich heißt hier nicht banal, sondern dass das Design begründet ist. Das Resultat soll begeistern und Vergnügen bereiten, auch Widerspruch auslösen und sogar Verwirrung stiften – vorausgesetzt, Letztere wird am Ende aufgelöst. || Barthes' Konzept des Mythischen war in gewisser Weise statisch. Er schuf durch linguistische Analysen Verbindungen zwischen schein-

the old, but forgotten, genre of the public school story, with its set-piece goodies and baddies, and add magical bells and whistles but fail to add any depth to the mixture.) || Successful design has to create or reinforce links to myth at a profound level, almost, invisibly or seamlessly. A successful design creates a surprise – because it was not there before – but not a total shock, since its presence is comprehensible and so acceptable. By comprehensible I do not

bar eigenständigen Ereignissen und der Gesellschaft als Ganzes. Aber sein Modell gilt auch, wenn man den Mythos nicht ausschließlich als Reflexion, sondern als Geschichte betrachtet. Alle Mythen haben, wie Barthes beobachtete, einen sozialen und politischen Inhalt. Amerikanische Western aus den fünfziger Jahren zum Beispiel spiegeln die Notwendigkeit für Amerika, den Imperialismus des Kalten Krieges zu rechtfertigen, ebenso wie die Romane von

mean facile, rather that the reason for the design, in an existential sense, is not in doubt. Exploring the result should be a chance for excitement and pleasure, contrast and even confusion, provided at the end the latter can be resolvable. ‖ Barthes' concept of myth was in a sense static. He established through linguistic analysis links between seemingly individual events and society as a whole. But his model applies also to myth regarded not just as reflection but also as

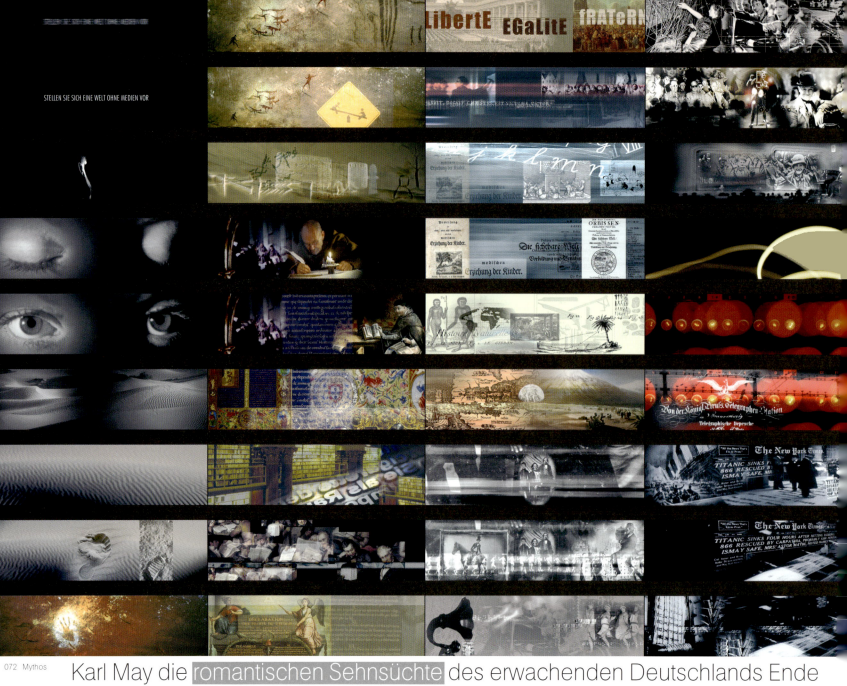

072 Mythos

Karl May die romantischen Sehnsüchte des erwachenden Deutschlands Ende des 19. Jahrhunderts reflektierten. Auch zeitgenössische Ereignisse können Mythen erzeugen, können zu neuen Interpretationen der Themen Liebe und Tod anregen, um die sich so viele Mythen ranken. Anderen Ereignissen, so wichtig sie auch sein mögen, kann diese Dimension fehlen. ‖ Die Nutzung von Mythen in der modernen Werbung ist bekannt – Hephaistos und Aphrodite

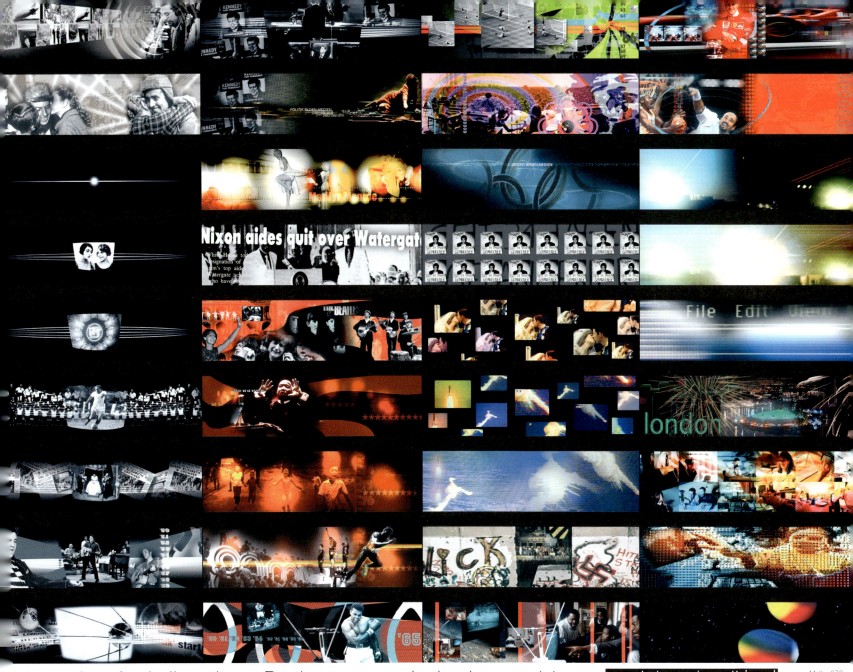

narrative. And all myth, as Barthes perceptively observed, has a social and political content. American cowboy films of the 1950s, for example, reflect the need for America to justify its Cold War imperialism, just as the novels of Karl May expressed the romantic ambitions of the nascent Germany of the late 19th century. Even contemporary events can inspire myth, or rather allow a new interpretation of the themes of love and death that infuse so much myth, though

fahren heutzutage schnelle Autos. Aber auch in der Gestaltung spielen sorgfältig und manchmal sogar ironisch behandelte Geschichten und Mythen, wie Triad zeigt, immer noch eine wichtige Rolle.

some events, however important, may have no such content. || The exploitation of myth in modern advertising is wholly familiar – Hephaistos and Aphrodite drive a lot of fast cars, these days. But in the world of design as well, Triad's example shows that narrative and myth, handled with awareness and even irony, can reinvigorate old stories into new themes, creating new signs for new awareness.

ÜBERSETZUNG

Das Triad-Büro in Berlin hat einen großen Balkon. Er wird für offizielle Besprechungen ebenso genutzt wie für Partys. Wenn die Sonne scheint, wird häufig über die Anschaffung eines Sonnenschirms diskutiert – bisher haben die Sonnenanbeter gewonnen. Passenderweise, vielleicht, denn vom Balkon aus blickt man nicht nur auf den angrenzenden Garten, andere Gebäude und den halbzerstörten Turm der Kaiser-Wilhelm-Gedächtniskirche, sondern außerdem auf

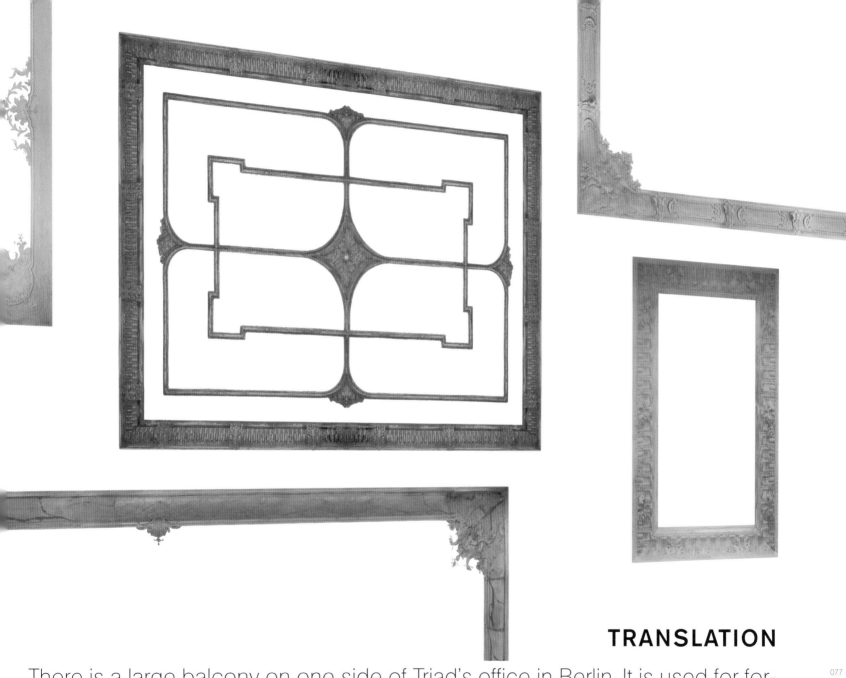

TRANSLATION

There is a large balcony on one side of Triad's office in Berlin. It is used for formal meetings as well as for parties and social gatherings, on the days when the weather is good enough. On the days when the sun shines, there is an ongoing debate over the desirability of a parasol. So far the direct sunshine supporters have won. Appropriately enough, perhaps, since the view from the balcony not only includes the adjoining garden, and other buildings, and the

die Dachterrasse eines Nudistenclubs. Wenn man die Überraschung verdaut hat, sechs Stockwerke über der Straße die unbekleidete Hautevolee Berlins zu sehen, lernt man, nicht hinzustarren. Schließlich, sagt man sich, ist es ihre Sache, wenn sie so herumlaufen möchten. || Die nicht nur unbeantwortete, sondern auch ungestellte Frage ist, ob die Nudisten nicht ebenso auf Triad starren möchten, ob sie lieber ihren Blick abwenden von denen, buchstäblich

broken spire of the famous Kaiser-Wilhelm-Gedächtniskirche but also the roof garden enjoyed by a naturist club. Once one has got over the surprise at seeing the haute bourgeoisie of Berlin walking about unclothed six storeys above the street, one learns to avoid staring or prying. After all, one says, if they want to go about like that, that's their business. ‖ The question that remains unanswered, of course, and indeed unasked, is whether the naturists in turn don't

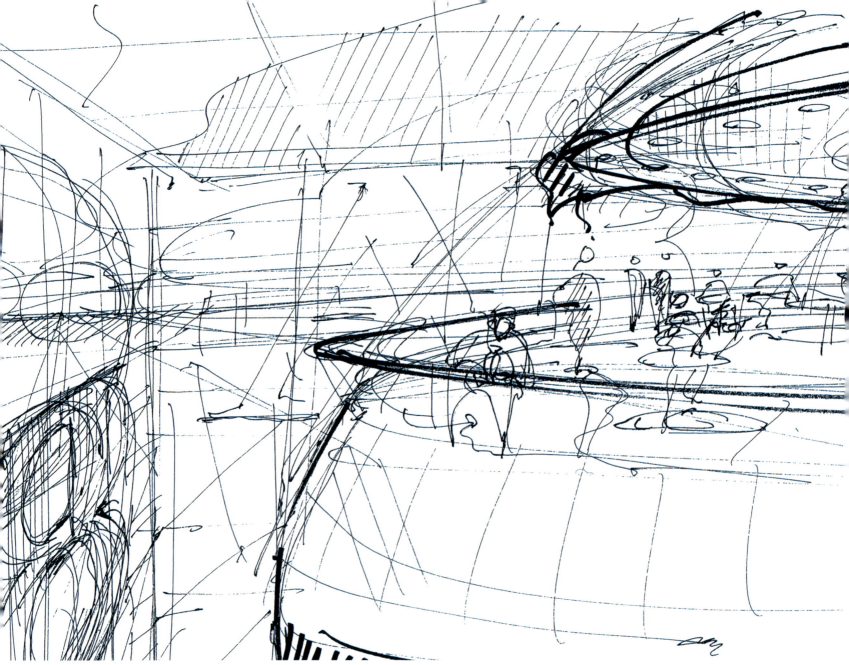

080 Übersetzung

unter ihnen, die so dumm sind, dass sie immer noch glauben, man müsse Kleider tragen. Trotz der räumlichen Nähe findet keine Kommunikation statt, keine Interaktion, kein Austausch. ‖ Im Design geht es oft darum, Blicke in eine bestimmte Richtung zu lenken – vielfach unter Einsatz unbekleideter Menschen. Wenn Gestaltung das Risiko eines entgegengesetzten Blickwinkels eingeht, wird das Ergebnis oft interessanter, spannender. Es spielt mit Unerwarte-

want to look at Triad, preferring to avert their gaze from those, literally below them, foolish enough to still believe it is necessary to wear clothes. Despite their proximity, there is no communication between them and so no interaction and no exchange. || Design is often simply about persuading people to look in a particular direction (often using unclothed people, if French television advertising is any guide.) A design approach that is often more interesting and more

tem oder gibt Unabhängigkeit vor, ermöglicht es den Besuchern, selbst zu lernen, statt ihnen Bildung aufzuzwingen, benutzt eher das wirkliche Leben als eine virtuelle Realität, und erklärt dabei gerade genug, dass der Benutzer allein zurechtkommt. Ein solcher Ansatz ist riskant, aber wenn er auf einem guten Verständnis dafür gründet, warum Kommunikation sich lohnt, und dass sie nur funktioniert, wenn beide Partner dazu bereit sind, dann können die Resultate

exciting is one that is willing to risk taking the reverse view. Design that invites the unexpected, or predicates the independent. Allowing visitors to learn for themselves, rather than programming their education, using real life rather than virtuality, explaining enough to let the user carry on alone. There is risk in such a design approach, but if it is well grounded in an understanding of why communication is worthwhile, that it only operates as an exchange if both partners

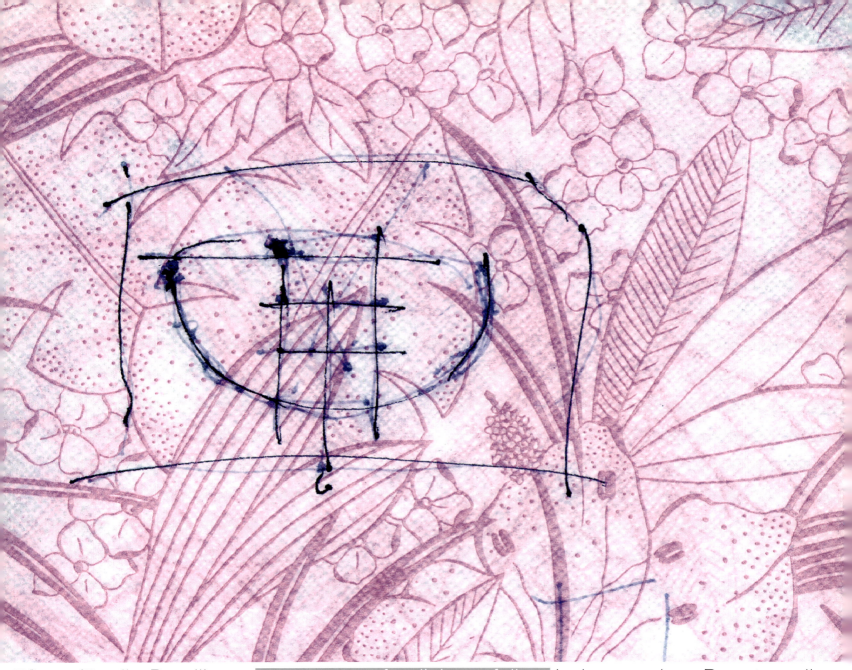

084 Übersetzung für alle Beteiligten unerwartet erfreulich ausfallen. Indem er dem Benutzer die Freiheit lässt und seine Aktionen nicht lenkt, schafft der Gestalter neue Dimensionen der Wahrnehmung. ‖ Gestaltung als Erzählform kann als eine Art Übersetzung verstanden werden. Übersetzung zwischen Sprachen, vom Verbalen zum Visuellen, zum Beispiel indem durch Marken die Philosophie eines Unternehmens übermittelt wird. Oder indem man eine Geschichte dadurch versteht,

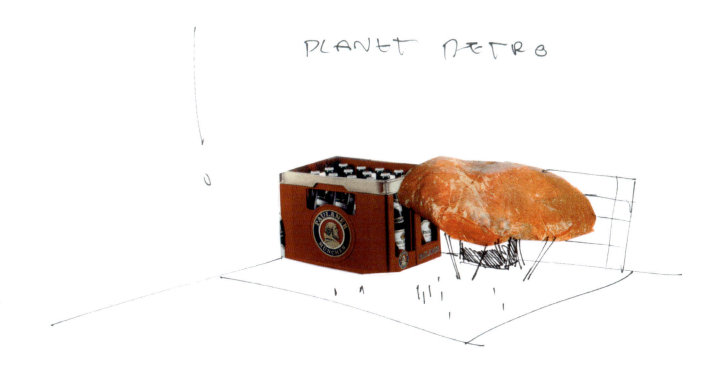

are willing, then the results can be unexpectedly joyful for all involved. By empowering the user, rather than directing the action, the designer creates a new dimension of perception. ‖ This design discourse could indeed be seen as a form of translation. Translation between languages, from verbal to visual, as when a corporation's values are to be conveyed through its marks and branding, is an obvious example. Making sense of a narrative by exploring its

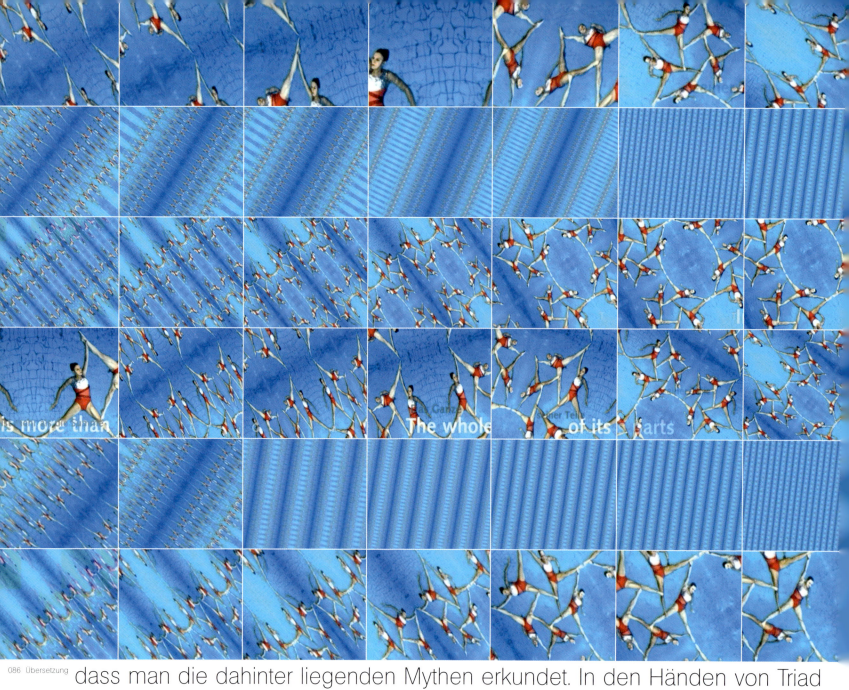

086 Übersetzung dass man die dahinter liegenden Mythen erkundet. In den Händen von Triad werden außerdem Inhalte von einem abstrakten in einen greifbaren Modus übersetzt, indem sie in einen Bezugsrahmen gestellt werden, der sie leichter zu verstehen oder zu genießen macht. Beim Design geht es oft darum, aus etwas Komplexem etwas Einfaches zu destillieren, es verständlicher und sichtbarer zu machen.

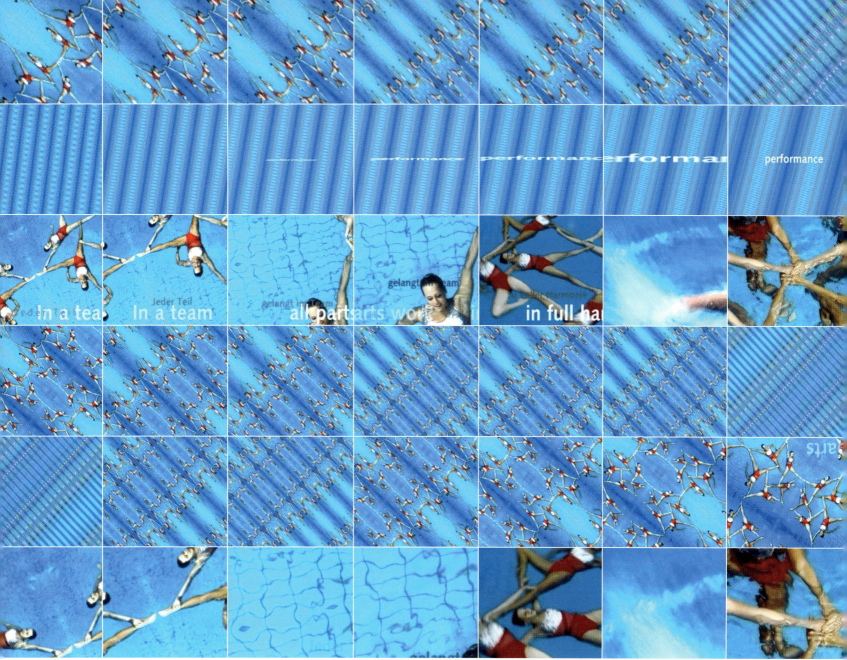

mythic quality is another. It is, in Triad's hands, a process that also moves content from an abstract to a tangible mode, giving it a frame of reference that is more easily understood or enjoyed. Design is often about extracting the simple from the complex, to make it more comprehensible, and more visible.

PROJEKTAUSWAHL

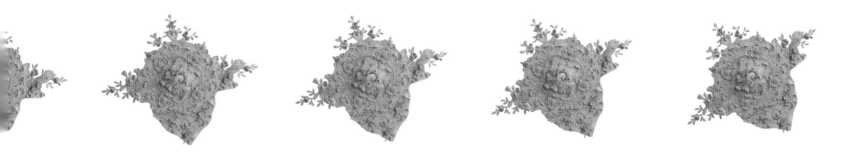

PROJECT SELECTION

1994: Der Traum vom Sehen – Zeitalter der Televisionen Projektentwicklung. Politische und finanzielle Entwicklung, Konzept, Architektur, Gestaltung.
i.A. Triad Berlin

1994: MedienKompetenzCenter, NRW
Machbarkeitsstudie.
i.A. Land NRW, Düsseldorf

Second Theory Culture and Society Conference, Berlin Kongress. Konzept, Planung, Realisierung.
i.A. Second Theory Culture & Society Conference

Multimediale Erlebnisinseln. Internationale Funkausstellung, Berlin Messe. Konzept, Gestaltung, Realisierung, Softwareproduktion.
i.A. Fred Oed & Partner GmbH, Ludwigsburg
für die Deutsche Telekom AG, Bonn

Medienkunst. CeBIT, Hannover
Messe, Publikation. Konzept, Realisierung, Kunstkatalog.
i.A. Fred Oed & Partner GmbH, Ludwigsburg
für die Deutsche Telekom AG, Bonn

Januar Februar März April Mai Juni Juli August September Oktober November Dezember

1995

Virtueller Messestand. CeBIT, Hannover
Web-Auftritt. Konzept, Gestaltung, Realisierung.
i.A. Fred Oed & Partner GmbH, Ludwigsburg
für die Deutsche Telekom AG, Bonn

Interaktive Inszenierungen. CeBIT Home, Hannover
Messe. Konzept, Gestaltung, Realisierung,
Softwareproduktion.
i.A. Fred Oed & Partner GmbH, Ludwigsburg
für die Deutsche Telekom AG, Bonn

**A-Klasse Flightcases, weltweit auf Tour
von 1996 bis 2000.** Interaktive Medienexponate.
Konzept, Gestaltung, Realisierung.
i.A. Atelier Markgraph für die DaimlerChrysler AG
(MKP/B), Stuttgart

Sinneswandel
Ausstellung. Konzept.
i.A. Expo 2000 Sachsen-Anhalt GmbH

Der Traum vom Sehen – Zeitalter der Televisionen
Ausstellung. Politische und finanzielle Entwicklung,
Konzept, Architektur, Gestaltung.
i.A. Gasometer Oberhausen GmbH

Januar Februar März April Mai Juni Juli August September Oktober November Dezember

1996

Der Traum vom Sehen – Zeitalter der Televisionen, Oberhausen Eröffnung, Laufzeit fünf Monate.
i.A. Gasometer Oberhausen GmbH

Interaktives Exponat „all-in-one"
Konzept, Gestaltung, Realisierung.
i.A. Atelier Markgraph für DaimlerChrysler Italien

Actros Werkschau – „Plattensäge", Europatour
Messe. Interaktive Medienexponate.
Konzept, Gestaltung, Realisierung.
i.A. Event Design für die DaimlerChrysler AG, Stuttgart

Consulting von Museen, München, Berlin
Strategische Beratung, Ausstellungskonzept.
i.A. Deutsches Museum, München und
Museum für Naturkunde, Berlin

**Vortragsreihe Media Lectures
Rahmenprogramm TVS**
Kongress, Publikation. Konzept, Planung, Realisierung.
i.A. Triad Berlin Edition

Actros Werkschau, Europatour
Ausstellung, interaktive Medienexponate.
Konzept, Gestaltung, Realisierung.
i.A. Event Design für die DaimlerChrysler AG, Stuttgart

A-Klasse Flightcases, weltweit auf Tour seit 1996 bi
Messe. Adaption für Türkei, Russland, Dänemark, Japan,
Tschechien – insgesamt 13 Sprachen.
i.A. Atelier Markgraph für die DaimlerChrysler AG
(MKP/B), Stuttgart

Januar   Februar   März   April   Mai   Juni   Juli   August   September   Oktober   November   Dezember

1997

Expedition in die Zukunft, Berlin, Frankfurt a.M.
Roadshow. Konzept, Gestaltung, Realisierung.
i.A. Atelier Markgraph für die DaimlerChrysler AG, Stuttgart

Vom Golem zum Cyborg
Ausstellung.
Konzept, Ausstellungsarchitektur, Gestaltung.
i.A. Triad Berlin

**Der Traum vom Sehen –
Zeitalter der Televisionen, Oberhausen**
Ausstellung. Eröffnung, 2. Laufzeit sechs Monate.
i.A. Gasometer Oberhausen GmbH

UFA-Star TV-Preis, Gütersloh
Event. Konzept, Gestaltung, Realisierung.
i.A. CLT-UFA, Potsdam

Medieninstallation. Internationaler Automobilsalon, Genf Messe. Konzept, Gestaltung, Realisierung. i.A. Atelier Markgraph für die DaimlerChrysler AG, Stuttgart

Carl Bertelsmann Preis, Gütersloh
Event. Konzept, Planung, Realisierung.
i.A. Bertelsmann-Stiftung, Gütersloh

n-tv online
Web-Auftritt. Konzept, Gestaltung, Realisierung, laufende Aktualisierung.
i.A. n-tv Nachrichtenfernsehen GmbH & Co KG, Berlin

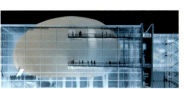

**6. Kontinent – Auftritt der Bertelsmann AG
auf der Expo 2000, Hannover** Unternehmenswelt.
Erstes Basiskonzept, Architektur-Vorentwurf.
i.A. Bertelsmann AG, Gütersloh

**S-Klasse – Exponate.
Exposition Mondiale de l'Automobile, Paris**
Messe. Konzept, Gestaltung, Realisierung.
i.A. Atelier Markgraph für die DaimlerChrysler AG (MKP/B), Stuttgart

**Planet m – Medien für Menschen. Pavillon der
Bertelsmann AG. Expo 2000, Hannover**
Leitagentur für Inhalt, Architektur und Gestaltung.
Entwurfsplanung, Konzept.
i.A. Bertelsmann AG, Gütersloh

Lehrter Stadtbahnhof, Berlin
Leit- und Informationssystem. Konzept, Gestaltung.
i.A. Tishman Speyer Properties Deutschland GmbH und Deutsche Bahn AG, Berlin

| Januar | Februar | März | April | Mai | Juni | Juli | August | September | Oktober | November | Dezember |

1998

Der Traum vom Sehen war das erste eigenständige kulturhistorische Projekt von Triad mit einer Entwicklungszeit von drei Jahren. Es war auch das erste Gemeinschaftsprojekt von privatem und öffentlich-rechtlichem Fernsehen in Deutschland und damit ein „Musterbeispiel für Public-Private-Partnership", wie es Wolfgang Clement, der damalige Wirtschaftsminister NRW formulierte.

Die Ausstellung war zugleich eine Weltpremiere zu der Leitfrage: Wie hat das Fernsehen unsere Wahrnehmung von der Welt im 20. Jahrhundert verändert?

Der Traum vom Sehen war Fernsehen zum Anfassen, war Poesie, war ein Himmel voller Bilder. Der Traum vom Sehen war eine Publikumsausstellung für alle Zielgruppen, zumindest für alle, die irgendwann vom Fernsehen berührt wurden.

Auf rund 5.000 qm Gesamtfläche zeichnete Triad ein umfassendes Bild des Leitmediums Fernsehen:

- die Programmgeschichte der Sender: Inhalte, Stars, Sendungen und Formate
- die Geschichte der Technologien: von Galileis Teleskop bis zum Internet
- Medienkunst als zeitkritischer Kommentar: von Nam June Paik bis Dan Graham
- die erste Galerie der Netzkunst
- über 800 Original-Requisiten im Hochregal der Fernsehgeschichte

Die Ausstellung wurde – nach der documenta X – zur erfolgreichsten Ausstellung des Jahres 1997 in Deutschland. Insgesamt zählte Der Traum vom Sehen über 540.000 Besucher.

Die Pressestimmen sprachen für sich:

„…ist die Ausstellung, die die Triad Berlin Projektgesellschaft in Zusammenarbeit mit dem Deutschen Technikmuseum realisiert hat, anregender und unterhaltsamer als das Samstagabendprogramm aller Sender zusammen…"
Frankfurter Allgemeine Zeitung

„…Dabei sind die Ausstellungsmacher (die junge Berliner Truppe Triad) keineswegs dem Rausch des Positivismus verfallen. Vielmehr haben sie für diese Kultur-, Alltags- und Technikgeschichte einen besonderen Blick entwickelt: den des kritischen Liebhabers […] Fernsehen: das ist für die Macher erst einmal Seh-Sucht, der Wunsch, den Augensinn zu beflügeln, das Blickfeld zu erweitern, weiter zu schauen als nur bis zum Horizont…" Uwe Kammann, Die Zeit

Three years in development, the Dream of Vision was Triad's first independent cultural and historical project. It was also the first communal project to bring together support from both commercial and public television services in Germany and as such "a paradigm for public-private partnerships," in the words of Wolfgang Clement, who was at that time minister for economic affairs in North Rhine Westphalia.

The exhibition was also the first in the world to examine the concept of how television has influenced our perception of the world in the 20th century.

The Dream of Vision was television made tangible, was poetry, was a galaxy of images. In short, it was a public exhibition for the widest of all audiences, all those who had been affected by television.

Within a circular 5,000 qm space Triad created a comprehensive image of television as a key medium:

- looking at programming, broadcasting, contents, stars and motifs, and formats
- the technological story ran from Galileo's telescope to the internet
- showed works of contemporary media art with Nam June Paik and Dan Graham
- featured one of the first Internet art galleries
- displayed over 800 original objects linked by a video narrative

The exhibition became – after the documenta X art fair – the most successful exhibition of the year 1997 in Germany, with over 540.000 visitors.

Enthusiastic notices in the press:

"…the exhibition put together by Triad in collaboration with the German Technikmuseum is as stimulating and entertaining as the Saturday night offering of all the channels put together."
Frankfurter Allgemeine Zeitung

"…In making this exhibition the young Triad team did not fall prey to the heady notions of positivism. Instead they cast a loving but critical glance at everyday culture and its technical history […] for the exhibition creators, television is visual addiction, dreamspace, inspiration for the eyes, a field of vision stretching to the horizon…" Uwe Kammann, Die Zeit

Gasometer Oberhausen

Der Traum vom Sehen
Zeitalter der Televisionen

30. Mai bis 12. November 1997
07. April bis 04. Oktober 1998

Im Auftrag der
Gasometer Oberhausen GmbH

Konzeption in Zusammenarbeit mit dem Deutschen Technikmuseum, Berlin

Projektpartner:
RTL Television, ARD, ZDF, Astra/ SES, Land NRW, LfR, Sony

Gemeinsam verwirklicht mit:
SNI Siemens-Nixdorf, Silicon Graphics, o.tel.o, Bertelsmann AG, Premiere, Pro 7, RWE

540.000 Ausstellungsbesucher

Ausgezeichnet mit dem Essener Universitätspreis für interkulturelle Kommunikation 1998

Der Traum vom Sehen

The Dream of Vision 095

096 Der Traum vom Sehen

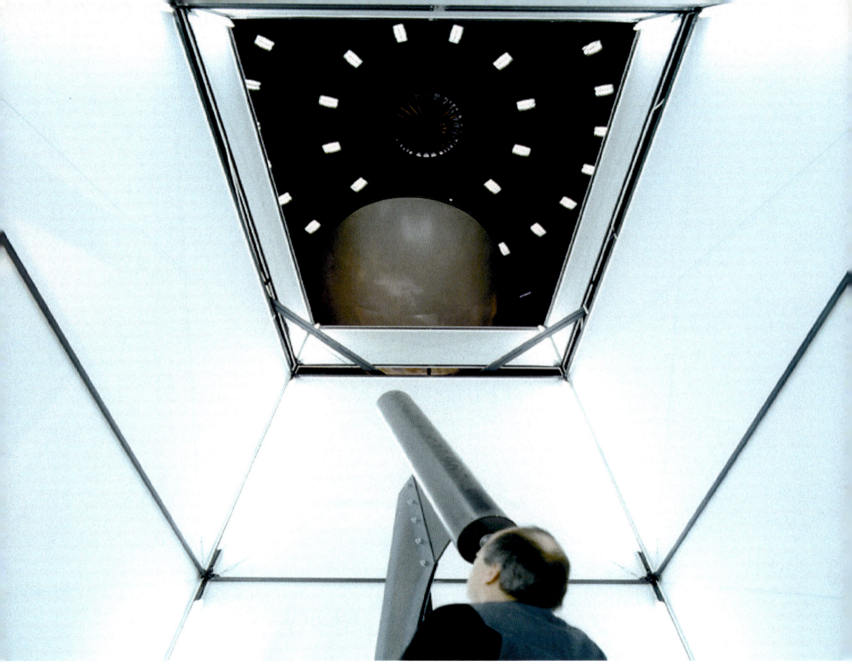

098 Der Traum vom Sehen

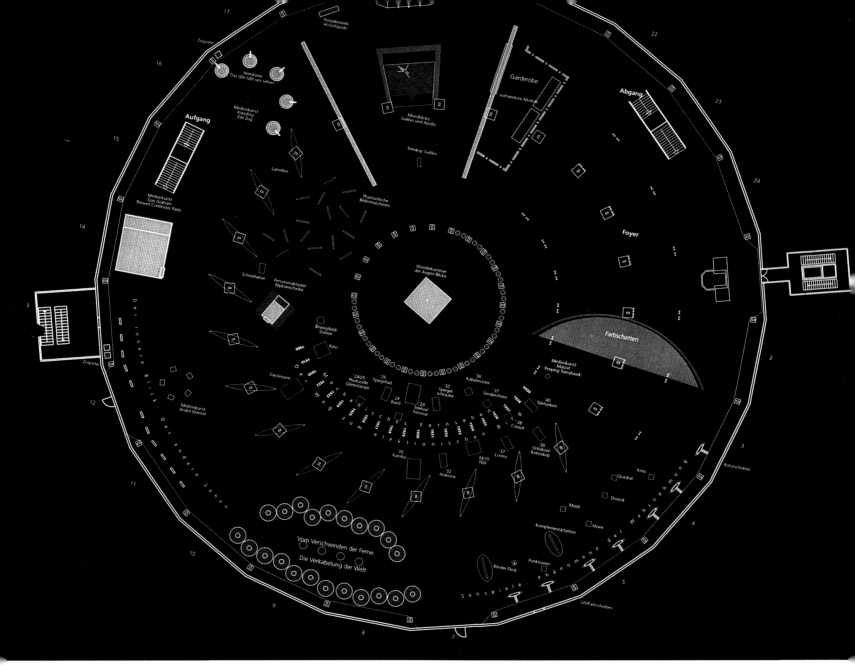

100 Der Traum vom Sehen

Die Gestaltung der Exponate setzte sich über eine konventionelle Dialogaufnahme hinweg: Mittels spielerischer Interaktion, der Kombination von Medien- und Objektebene sowie einer intuitiven Benutzerführung. Das ästhetisch anspruchsvolle Design reflektierte den exklusiven Anspruch der neuen S-Klasse.

Die „Medialen Spinnaker" verbanden eine plakative Bewegtbildebene mit einer interaktiven Informationsebene.

Die „Technische Galerie" bestand aus gläsernen Wänden, die auf ästhetisch anspruchsvolle Weise Originalbauteile der neuen S-Klasse, Bewegtbild, Grafik und Text zu einer Ebene vereinten.

Die „Historische Galerie" lud zu einer individuellen Zeitreise ein: Aufhänger dazu waren originalgetreue 1:5-Modelle von 1972 bis 1991 aus der Mercedes-Designabteilung, zeitgenössische Autoradios aus den jeweiligen Baureihen bildeten das Interface zu historischen Rundfunk-Collagen.

The exhibit uses the conventions of an introductory dialogue as a frame. By means of ludic communication and the combination of media and real elements the user is put in control, while the careful aesthetic solution reflects the claims made for the new vehicle.

The "Media Spinnaker" links poster and moving image in a single, accessible interactive unit.

The "Main Gallery" with its glass wrap and exact detailing presents the S-Class itself on the same level as moving image, graphics and text.

In the "Historical Gallery" the visitor can take an individual journey through different epochs with original 1:5 scale models from 1972 till 1991 from the Mercedes design department, while contemporary car radios from the respective production series form the interface to historical broadcasts and sound collages.

Exposition Mondiale de L'Automobile, Paris

S-Klasse Exponate

03. bis 13. Oktober 1998

Im Auftrag von
Atelier Markgraph für die
DaimlerChrysler AG (MKP/B), Stuttgart

Kommunikationskonzept:
Kooperation Atelier Markgraph,
Frankfurt a.M. und Triad Berlin

Softwareproduktion:
Kooperation Triad Berlin und
Leonhardt Multimedia, Berlin

S-Klasse Exponate

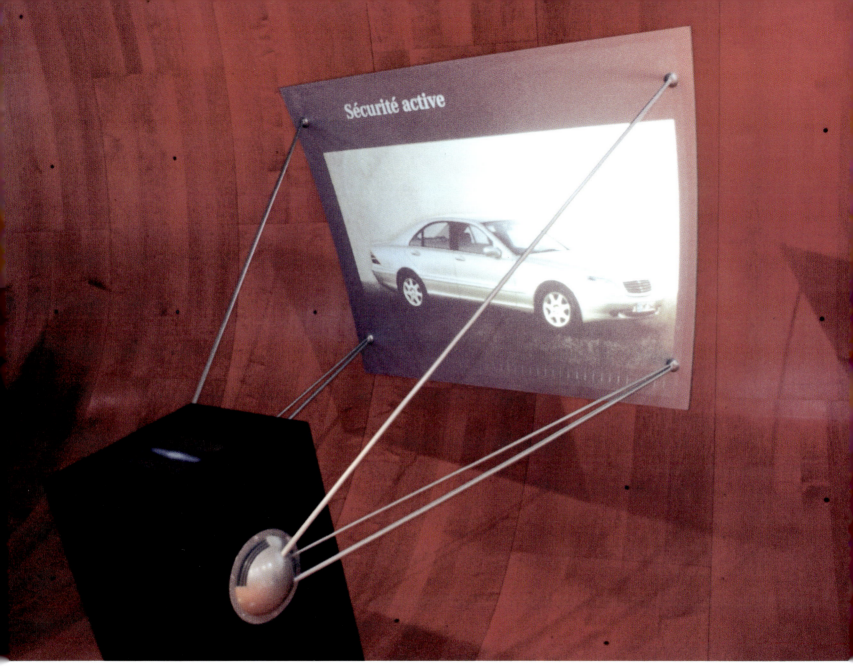

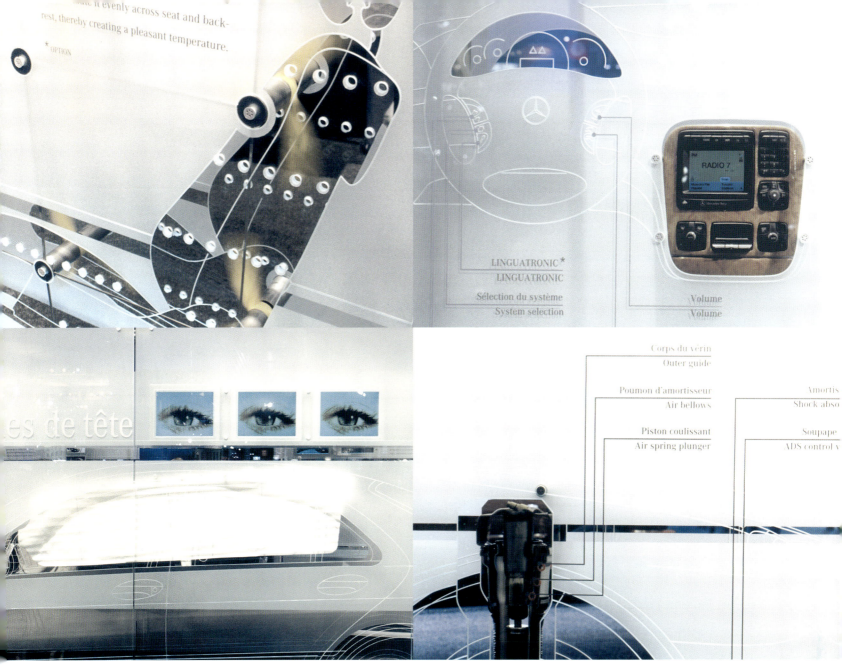

„Was die Bahn für uns sein kann, erkennen wir daran, wie wir selbst in der Bahn sind: etwas sympathischer als in anderen Verkehrsmitteln."
Sten Nadolny

Orientierungssystem und atmosphärisches Bespielungskonzept für den größten Kreuzungsbahnhof Europas: Das Leitsystem der Deutschen Bahn wird um eine „Erlebnisebene" erweitert, die auf die attraktiven Zusatzangebote des Bahnhofs aufmerksam macht: Shopping, Entertainment und diverse Services. Die Einkaufsebenen werden mit geografisch zugeordneten Städtenamen benannt, zum Beispiel: Galerie Paris, Galerie Moskau.

Atmosphärische Maßnahmen erleichtern die Orientierung und unterstützen das Image des Bahnhofs als kulturellen Erlebnisort mit kosmopolitischem Flair. Ein umfassendes Technologiekonzept aus dynamischen und statischen Medien informiert die Bahnhofsbesucher individuell über ihr aktuelles Zeitbudget. Zusätzlich wurde eine innovative Image-Ausstellung für die Deutsche Bahn AG konzipiert, welche im Lehrter Bahnhof als dauerhafte Einrichtung etabliert werden soll.

"How weighted with ritual have the railways in their brief century become."
Michael Innes

Railway stations are no longer just about movement from one place to another (if they ever were just about that.) So a way-finding system for one of the largest stations in Europe also focuses on the experience of the visitor, and the retailing and other services on offer, and links to an ambience system, that stresses the cultural and indeed cosmopolitan aspects of the station. So the shopping areas are linked to destination cities "the Paris Gallery, the Moscow Gallery," and so on.

The ambience measures support the way-finding via a comprehensive technological solution using both dynamic and static media. The aim is to keep the users of the station individually informed about their travel plans and timings. Triad also developed a concept for an innovative exhibition on the German rail network called DB-Image. It will serve as another public attraction within the Lehrter Railway Station and will help also to communicate the company's new profile as a leader in technology and services.

Lehrter Stadtbahnhof, Berlin

Leit- und Informationssystem, atmosphärisches Bespielungskonzept

1999 / 2002

Im Auftrag von
Tishman Speyer Properties
Deutschland GmbH und der
Deutschen Bahn AG, Berlin

Lehrter Stadtbahnhof

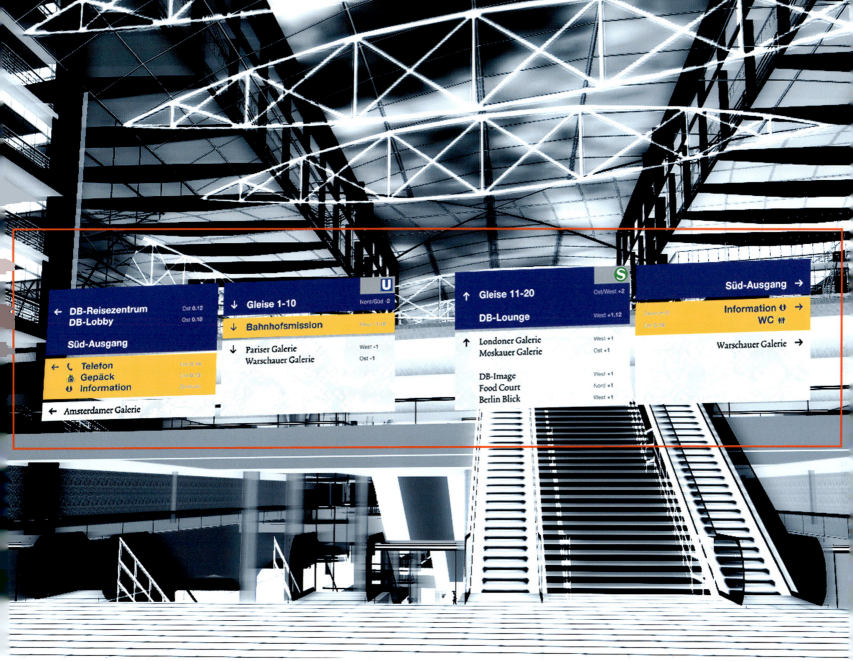

Lehrter Railway Station

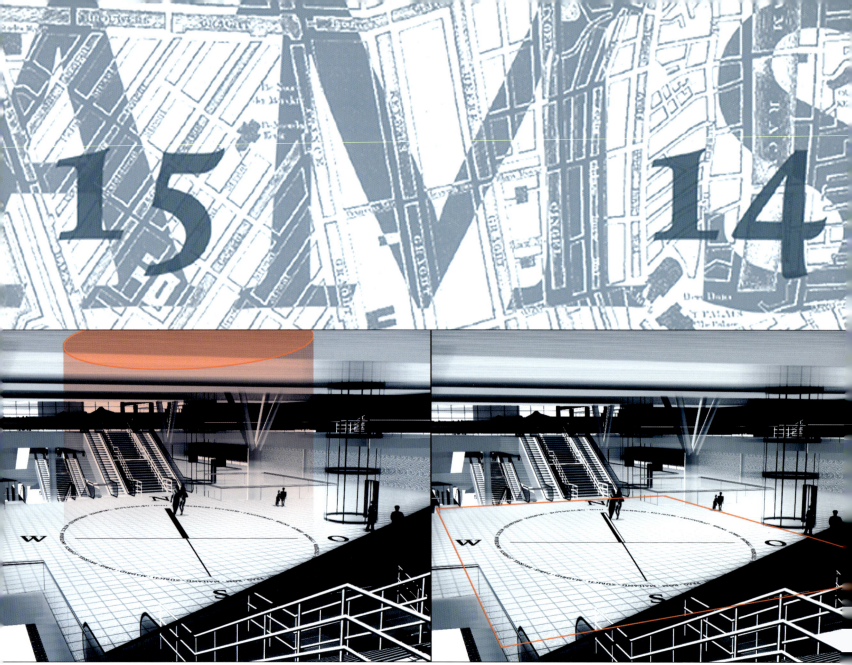

108 Lehrter Stadtbahnhof

Lehrter Railway Station 109

Lehrter Stadtbahnhof, Berlin
Leit- und Informationssystem. Planung.
i.A. Tishman Speyer Properties Deutschland GmbH
und Deutsche Bahn AG, Berlin

Planet m – Medien für Menschen. Pavillon der Bertelsmann AG. Expo 2000, Hannover
Ausführungsplanung, Realisierung.
i.A. Bertelsmann AG, Gütersloh

**Countdown West 2K –
Kunst zur Jahrtausendwende, Berlin**
Ausstellung. Konzept, Realisierung.
i.A. Triad Berlin unterstützt von West

Active Body Control. Internationaler Automobilsalon, Genf Messe. Interaktive Medienexponate. Konzept, Gestaltung, Realisierung.
i.A. DaimlerChrysler AG (MKP/B), Stuttgart

n-tv online-Redaktionssystem
Web-Auftritt. Konzept, Gestaltung, Realisierung.
i.A. n-tv Nachrichtenfernsehen GmbH & Co KG, Berlin

Messeauftritt für Mercedes-Benz. IAA, Frankfurt a.M. Messe. Konzept, Planung und Realisierung der Kommunikationsmaßnahmen.
i.A. Triad Berlin mit Atelier Markgraph
für die DaimlerChrysler AG (MKP/B), Stuttgart

Paper People Press. Expo 2000-Projekt, Hamburg
Ausstellung. Konzept, Ausstellungsarchitektur, Gestaltung, Realisierung.
i.A. Axel Springer Verlag AG, Hamburg

Januar · Februar · März · April · Mai · Juni · Juli · August · September · Oktober · November · Dezember

1999

CargoLifter Aërium – Einweihung der Luftschiff-Werft, Brand Event. Konzept, Planung, Realisierung.
i.A. CargoLifter AG, Brand

AstraZeneca VisionCamp 1 – Gedankenlabor zur Zukunft der Medizin, Storkow Workshop. Konzept, Planung, Realisierung, Moderation.
i.A. AstraZeneca, Wedel

Center of Tolerance, Prag
Ausstellung. Konzept, strategische Beratung.
i.A. Jurimex Beteiligungsgesellschaft mbH, Wien

plus 10 – Kommunikations- und städtebauliches Entwicklungskonzept, Potsdam
Projektentwicklung. Konzept, strategische Beratung.
i.A. Hasso Plattner

About Design – Mercedes-Benz. Internationaler Automobilsalon, Turin Messe, interaktive Medienexponate. Konzept, Gestaltung, Realisierung.
i.A. DaimlerChrysler AG (MKP/B), Stuttgart

Biosphäre. Edutainment-Park, Potsdam
Erlebniswelt. Konzept, Ausstellungsarchitektur, Gestaltung, Attraction Design.
i.A. Entwicklungsträger Bornstedter Feld GmbH

Paper People Press. Expo 2000-Projekt, Hamburg
Eröffnung.
i.A. Axel Springer Verlag AG, Hamburg

Gesamtumbau und Neugestaltung der Deutschen Börse, Frankfurt a.M.
Unternehmenswelt. Konzept, Architektur.
i.A. Deutsche Börse AG, Frankfurt a.M.

Liebe, Tod und Tränen
Ausstellung. Konzept, Gestaltung.
i.A. Triad Berlin

Planet m – Medien für Menschen. Pavillon der Bertelsmann AG. Expo 2000, Hannover
Eröffnung.
i.A. Bertelsmann AG, Gütersloh

Wella Trendsource Open System 1.0. Hairworld, Berlin
Messe. Konzept, Gestaltung, Realisierung.
i.A. Wella AG, Darmstadt

24. Deutscher Krebskongress, Berlin
Kongress. Konzept, strategische Beratung, Public Relations, Planung, Realisierung.
i.A. Deutsche Krebsgesellschaft e.V., Frankfurt a.M.

Haus der Brandenburgisch-Preußischen Geschichte, Potsdam
Ausstellung. Konzept, Ausstellungsarchitektur.
i.A. Haus der Brandenburgisch-Preußischen Geschichte GmbH, Potsdam

| Januar | Februar | März | April | Mai | Juni | Juli | August | September | Oktober | November | Dezember |

2000

CW2K – eine Verkehrskanzel aus den fünfziger Jahren bekam durch Triad Berlin eine neue Funktion: Sie wurde Oberfläche und Plattform für eine Auseinandersetzung mit Zeit und Ort. Das Baudenkmal am Kurfürstendamm trat in einen Dialog mit dem Tempo der Shopping- und Flaniermeile.

CW2K – ein temporäres Kunstprojekt in Triads Nachbarschaft: Zehn Künstlerinnen und Künstler verwandelten zehn Wochen vor der Jahrtausendwende die Verkehrskanzel am Kranzler-Eck in eine Skulptur aus Bild, Sound und Licht. Der Taktgeber vergangener Zeit wurde zur Bühne für Botschaften aus dem nächsten Jahrtausend, zu einem Schaufenster für junge Kunst, das Passanten und Autofahrer direkt ansprach.

Das gegenüberliegende Café Kranzler wurde Veranstaltungsort für Club-Nights, Vorträge und Podiumsdiskussionen. Ein Highlight war das essayistische Streitgespräch unter dem Motto „Stoppt die Zukunft!?" mit Zukunftsforschern u.a. von DaimlerChrysler und mit Matthias Horx vom Zukunftsinstitut.

Verkehrskanzel: a symbol of the past, a traffic control point from the 1950s above the Kurfürstendamm, near Triad's offices in Berlin, long empty, surveying flaneurs and shoppers, directing motorists: how to use it to point to the future?

So for the last ten weeks before the new millennium it became the platform for a series of artworks, a ten artist dialogue with time and place: sculptures and multimedia, light-works and graphics. A new, timely role in the busy streets: young artists interacting with pedestrians and motorists.

And in parallel, in the nearby Café Kranzler, long a meeting place for intellectuals and writers but then about to close to make way for a mall.
Triad organised a series of "club nights," lectures, events and panel discussions. The highlight was a heated debate on the theme "Stopping the Future!?" Those taking part included blue sky thinkers from DaimlerChrysler and also Matthias Horx from the Zukunftsinstitut.

Verkehrskanzel am Kurfürstendamm,
Berlin Charlottenburg

Countdown West 2K
Kunst zur Jahrtausendwende

27. Oktober 1999 bis 03. Januar 2000

Ein Projekt von Triad Berlin
unterstützt von West

[10] 27. Oktober 1999
Jan Lilienthal [D]: Sci Fi –
Mond über dem Kurfürstendamm

[09] 03. November 1999
Barak Bar-Am [IS]: RGB – Data Transfer

[08] 10. November 1999
Juma Kahema [TAN]: Global Warming

[07] 17. November 1999
Silvia Beck [D]: Werden Sie ein ++Genie

[06] 24. November 1999
Christoph Keller [D]: Continuous Present

[05] 01. Dezember 1999
Ma.Ri. Brellochs [D]: Propaganda 3000

[04] 08. Dezember 1999
Andreas Schimanski [D]: Blue

[03] 15. Dezember 1999
Rechenzentrum – Lillevan Popjoy [SWE]
und Marc Weiser [D]: Data Error

[02] 22. Dezember 1999
Pietro Sanguineti [I]:
Schießen spart Synchronisation

[01] 29. Dezember 1999
Ruudi Beier [CH]:
52°30'18"n.B. 13°19'57"ö.L. 34,60m ü.NN

Kuratorische Beratung:
Dr. Ute Tischler

Countdown West 2K

 [10]
 [09]
 [08]
 [07]
 [06]
 [05]
 [04]
 [03]
 [02]
 [01]

Countdown West 2K

114 Countdown West 2K

Countdown West 2K

Das internationale Medienunternehmen Bertelsmann präsentierte sich auf der Expo 2000 in Hannover mit einem eigenen Pavillon. Planet m, Medien für Menschen lautete der Titel dieses ambitionierten Projekts, dessen Entwicklung und Realisierung zweieinhalb Jahre in Anspruch nahm.

Triad Berlin ging im Januar 1998 als Sieger aus einem geladenen Wettbewerb hervor und zeichnete als Leitagentur für Architektur und Inhalt des Planet m verantwortlich.

Die Arbeit umfasste die inhaltliche und technologische Konzeption, die Dramaturgie, Creative Direction und die Produktion des Gesamtauftritts.

Rund 10.000 Besucher durchliefen täglich die verschiedenen Stationen des Planet m:

Space-Lift: Im weltweit größten Personenaufzug hoben 220 Besucher gleichzeitig ab. Sie erlebten einen Flug durch das Weltall zum Planet m.

Kubisches Bühnenbild: Eine aufwendige Bühnenkonstruktion, mit Licht und Projektionen bespielt. Sie stellte die Ouvertüre zur Pre-Show dar und stimmte auf das Thema Medien ein.

Pre-Show: Die 9-minütige Multivision zeigte die wichtigsten Stationen der Medien- und Menschheitsgeschichte. Aufwendige Bildkompositionen vermittelten auf emotionale Weise die Evolution von den ersten Zeichen über die Massenmedien bis hin zum digitalen Zeitalter.

Main-Show-Raum: Sound- und Lichteffekte leiteten die Besucher in einen unendlichen Raum. Hier wurde der von TeamWorx produzierte Film Sternenfänger gezeigt.

Media-Gallery – ein neues Medium: 137 multimediale Inszenierungen präsentierten in einem 30 Meter langen und acht Meter hohen Display das vielfältige Angebot von Bertelsmann. Hinter einer Spezialglasfassade aus Privalite befanden sich Objekte, Dias, Videos, Grafiken und Texte. Die Glashaut konnte ihren Zustand von durchsichtig zu opak wechseln – ein lebendiger Organismus der Medien entstand.

Architektur: Der auf 18 Stahlträgern ruhende Planet schwebte neun Meter über der Erde – ein Sinnbild für die Medienwelt.

In Form und Materialität des Gebäudes zeigte sich eine sprechende Architektur, die unterschiedliche Zustände zuließ: Bei Tag dominierten runde transparente Formen, bei Nacht glühte der Planet durch eine Lichtinszenierung. Der Planet der Medien wurde damit selbst zum Medium.

In January 1998 Triad Berlin won the closed competition to design the pavilion at the Hanover Expo 2000 for the international publishing and media group Bertelsmann. They would be the lead agency for the content, design and architecture. The concept was called Planet m – Media for Mankind. Triad argued that simply to present Bertelsmann's range of products, vast as it was, would be unproductive and against the educational intent of the Expo. They proposed a two part exhibit, the first part of which would be Planet m itself, a world inhabited only by media, and a second part devoted to the actual products of Bertelsmann.

Ten thousand visitors a day were expected to the site, so moving large groups became a priority. And since you have to fly through the sky to reach a planet, Triad built the world's largest passenger elevator, to carry 220 visitors at a time up into the dome of Planet m. Here the visitors saw a nine-minute multimedia spectacle within a kinetic stage set that introduced the concept of a planet inhabited only by media in a dramatic and emotional way.

From there visitors moved to the main show space to see a film created by TeamWorx on the concept of communication, across different cultures and using contemporary and traditional media technologies. Finally the visitors passed through an immense hall, on one wall of which over one hundred and thirty mixed-media exhibits displayed a range of Bertelsmann products in an evolving and interactive pattern. Each element was behind a special glass screen that could convert from opaque to transparent to reveal or hide what was behind.

The dome of Planet m was suspended nine metres from the ground on eighteen steel arms. The architectural dynamics were themselves part of the dialogue between media and visitor.

Planet m had over a million visitors and was one of the highlights of Expo 2000, by day and by night, since the outer shell of the dome structure acted as a screen for a changing light-show after dark. By creating Planet m as a concept to stand in front of the Bertelsmann name, and by handling it so radically, the designers created a great event both for their clients and for visitors.

Expo 2000, Hannover

Planet m – Medien für Menschen

Juni bis Oktober 2000

Expo-Pavillon im Auftrag
der Bertelsmann AG, Gütersloh

Leitagentur für Inhalt, Architektur,
und Gestaltung

Erster Vorentwurf:
Triad Architekten Karl Karau
mit A. Büther und Becker,
Gewers, Kühn & Kühn

Realisierter Entwurf
und Genehmigungsplanung des
gesamten Gebäudekomplexes:
Triad Architekten Karl Karau
mit A. Büther

Ausführungsplanung Planet m:
Triad Architekten Karl Karau

Bauzeit: Februar 1999 bis Mai 2000

Planet m
Größe: 46 × 36 m, Höhe 26 m;
1.700 qm Bruttogeschossfläche;
2.600 qm dreidimensionales
Edelstahlgewebe

Bertelsmann Building
Größe: 50 × 12 m, Höhe 21,5 m;
drei Geschosse,
3.500 qm Bruttogeschossfläche

Space-Lift
Größe: 117 qm; Plattformgewicht: 30 t

Über 1.000.000 Ausstellungsbesucher

Ausgezeichnet mit dem Deutschen
PR-Preis Goldene Brücke, 2001

Planet m

Planet m 119

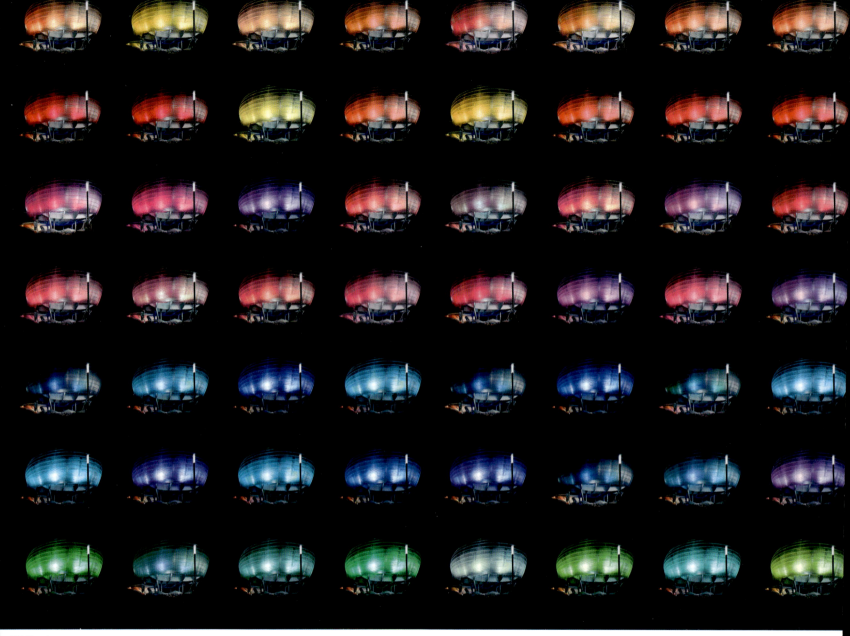

120 Planet m

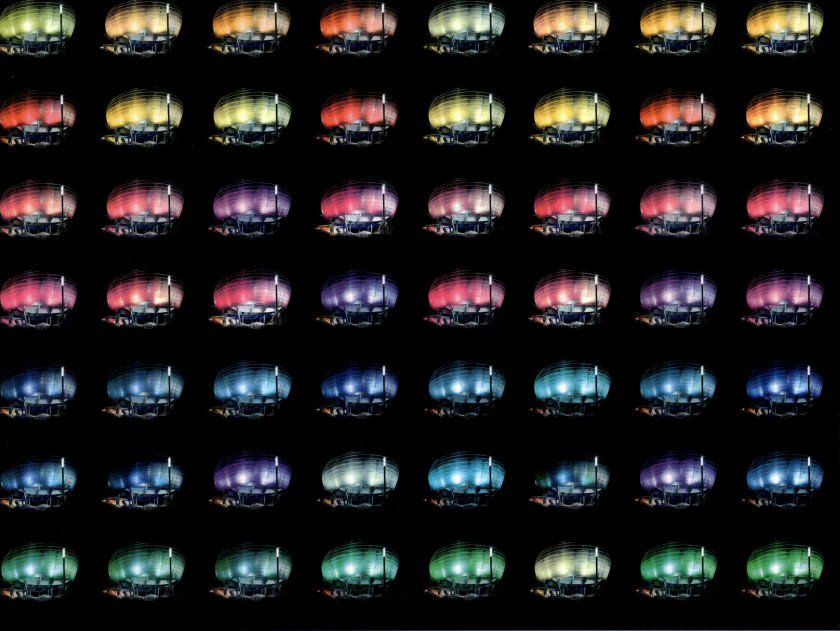

CargoLifter ist ein Luftfrachtschiff, eine umweltfreundliche Revolution der Luftfracht. Die Luftschiff-Werft der CargoLifter AG in Brand bei Berlin ist 360 m lang, 210 m breit und 107 m hoch und somit die weltgrößte selbsttragende Halle: Das neue Sony Center am Potsdamer Platz in Berlin würde komplett in diese 5,2 Millionen Kubikmeter große Halle passen. Triad Berlin war damit beauftragt, zwei Eröffnungsveranstaltungen zu organisieren: am 22. November 2000 für 800 geladene Gäste und eine weitere am 25. November für 10.000 öffentliche Besucher.

Das Raumkonzept gestaltete sich durch fünf so genannte globale Dörfer, die sich aus 140 Frachtcontainern zusammensetzten. Zwei 5×5×80 Meter große Körper, Darstellungen der Frachteinheiten künftiger CargoLifter-Luftschiffe, dienten zum einen als Großbildschirm für visuelle Projektionen, zum anderen als Bar und zur Aufnahme des Buffets für 10.000 Besucher.

Auf dieser gigantischen Leinwand wurden zwei Multivisionen gezeigt: „Die Evolution des Transports" und „Der Traum vom Fliegen". Insgesamt vier Stunden lief die Vorführung auf den vier Bühnen, mit Schauspiel- und Akrobatentruppen und computergenerierter Musik.

Das spektakuläre Finale der Werft-Einweihung war die Luftraumperformance, eine Abseilaktion der so genannten „Aeronauten". Aus dem Hallendach in 107 Metern Höhe entrollten sie 60 Banner, die zusammen den Umriss des CargoLifters darstellten. Es entstand ein großes Bild, das dem Betrachter erstmals ein Gefühl für die gigantische Dimension des zukünftigen Luftschiffes ermöglichte.

The CargoLifter is a project for a giant freight-carrying airship, an environmentally friendly revolution in air transport. The Aërium, at Brand near Berlin, is it's hangar and service centre. The building, 360 m long, 210 m wide and 107 m high, is the world's largest self-supporting interior space: the new Sony Centre in the Potsdamer Platz in Berlin would fit inside its 5.2 million cubic feet. Triad were commissioned to organise two opening events: on November 22 nd, 2000, for 800 corporate invitees, and another on November 25 th for 10,000 general visitors.

The space plan used five so-called Global Villages made from 140 freight containers, while two freigth units, measuring 5 by 5 by 80 metres created the screen for the visual projections, and for live images of the abseiling performance in the main space, serving as well as a gigantic bar and buffet later in the evening.

Two films were shown on these giant screens: "the evolution of transportation" and "the dream of flying." Across the four decentralized stages, different performances ran for a total of ten hours, with troupes of actors and acrobats and computer-generated music.

The grand finale was the Airspace Performance. From the roof one hundred meters above the "Aeronauts" abseiled down, their sixty banners as they unfurled marking out the dimensions of the giant craft, to a background of singing, orchestral music and sound collages. The performance used human action to give scale to the immense dimensions of the project.

Brand bei Berlin

CargoLifter Aërium

Einweihung der Luftschiff-Werft

22. November 2000
für 800 geladene Gäste

25. November 2000
für 10.000 Besucher

CargoLifter Hauptversammlungen:

17. März 2001:
4. Ordentliche Hauptversammlung
für 5.000 Aktionäre

16. März 2002:
5. Ordentliche Hauptversammlung
für 5.000 Aktionäre

Im Auftrag der CargoLifter AG, Brand

CargoLifter Aërium

CargoLifter Aerium 123

CargoLifter Aërium 125

126 CargoLifter Aërium

CargoLifter Aërium 127

Life is Motion – Kommunikationsdesign für Toyota.
Internationaler Automobilsalon, Genf Messe.
Konzept, Gestaltung, Realisierung, Filmproduktion.
i.A. Toyota Motor Marketing Europe, Brüssel

Happy End – Auf den Spuren des Glücks. Pavillon
der Zurich Financial Services. Expo.02, Biel
Durchführung Hochbau.
i.A. Zurich Financial Services, Zürich

Future Lounge – MTC AG, Wien
Event. Konzept, Planung, Realisierung.
i.A. Hauska & Partner für die Memorex
Telecommunications AG, Wien

Presseveranstaltung für Toyota.
Internationaler Automobilsalon, Genf
Event. Konzept, Planung, Realisierung.
i.A. Toyota Motor Marketing Europe, Brüssel

Messeauftritt der Audi AG – Konzeptstudie
für die IAA, Frankfurt a.M.
Messe. Konzept, Gestaltung.
i.A. Audi AG, Ingolstadt

Stall Interface AG, Berlin
Unternehmensbeteiligung

4. Ordentliche Hauptversammlung
der CargoLifter AG. Luftschiff-Werfthalle, Brand
Event. Konzept, Planung, Realisierung.
i.A. CargoLifter AG, Brand

Sommerfest – Unter den Linden, Berlin
Event. Konzept, Planung, Realisierung.
i.A. Triad Berlin mit Hardenberg Concept, Berlin
für Bertelsmann AG, Gütersloh

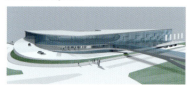

BMW Erlebnis- und Auslieferungszentrum, München
Internationaler Architekturwettbewerb. Konzept, Entwurf.
i.A. BMW AG, München

Die Lietzenburg, Hiddensee
Projektentwicklung.
Konzept, Inhalt, Architektur, Public Relations.
i.A. Anna-Maria Adrian, Klaus Prokop & Jörg Sannemann

Wella Viseum, Darmstadt
Unternehmenswelt.
Konzept, Ausstellungsarchitektur, Gestaltung.
i.A. Wella AG, Darmstadt

75 Jahre Ruhrgas – Multivision
zum Firmenjubiläum der Ruhrgas AG, Essen
Event, Multivision. Konzept, Planung, Realisierung.
i.A. Ruhrgas AG, Essen

Deutsche Krebsgesellschaft e.V.
Web-Auftritt. Konzept, Gestaltung, Realisierung.
i.A. Deutsche Krebsgesellschaft e.V., Frankfurt a.M.

AstraZeneca VisionCamp 2 – Gedankenlabor zur
Zukunft der Medizin, Hamburg Workshop.
Konzept, Planung, Realisierung, Moderation.
i.A. AstraZeneca, Wedel

Happy End – Auf den Spuren des Glücks. Pavillon
der Zurich Financial Services. Expo.02, Biel
Leitagentur für Inhalt, Architektur und Gestaltung.
LP 1-8, Konzept, Planung.
i.A. Zurich Financial Services, Zürich

Wella System Professional – Imagefilm Wella AG
Konzept, Gestaltung, Filmproduktion.
i.A. Wella AG, Darmstadt

Kommunikationsdesign Toyota. IAA, Frankfurt a.M.
Messe. Konzept, Gestaltung, Realisierung,
Filmproduktion.
i.A. Toyota Motor Marketing Europe, Brüssel

52. Kongress der Deutschen Gesellschaft für
Urologie, Düsseldorf
Kongress. Konzept, Planung, Realisierung Event,
Kommunikations- und Strategieberatung.
i.A. Deutsche Gesellschaft für Urologie e.V., Düsseldorf

Januar   Februar   März   April   Mai   Juni   Juli   August   September   Oktober   November   Dezember

2001

Sommerfest des BdB, Berlin
Event. Konzept, Planung, Realisierung.
i.A. Bundesverband deutscher Banken, Berlin

Happy End – Auf den Spuren des Glücks. Pavillon der Zurich Financial Services. Expo.02, Biel
Eröffnung, Betrieb.
i.A. Zurich Financial Services, Zürich

Urologenkongress, Budapest
Kongess. Konzept, Planung, Realisierung, Moderation.
i.A. AstraZeneca, Wedel

Zeitzeugen – Zurück in die Zukunft, Südtirol
Event. Konzept, Planung, Realisierung.
i.A. Stiftung SVP, Bozen

25. Deutscher Krebskongress, Berlin
Kongress. Konzept, strategische Beratung, Public Relations, Planung, Realisierung.
i.A. Deutsche Krebsgesellschaft e.V., Frankfurt a.M.

Dr. Oetker Welt, Bielefeld
Unternehmenswelt. Konzept, Ausstellungsarchitektur, Gestaltung, Realisierung.
i.A. Dr. August Oetker Nahrungsmittel KG, Bielefeld

Changing Minds – Zukunftsworkshop, Berlin
Konzept, Planung, Realisierung, Moderation.
i.A. Random House, München
mit DaimlerChrysler AG, Berlin

Ausstellungs- und Informationspavillon, Berlin
Projektentwicklung. Konzept, Inhalt, Architektur, Gestaltung, Public Relations.
i.A. Triad Berlin

5. Ordentliche Hauptversammlung der CargoLifter AG. Luftschiff-Werfthalle, Brand
Event. Konzept, Planung, Realisierung.
i.A. CargoLifter AG, Brand

Showroom – Wall AG, Berlin
Unternehmenswelt. Konzept, Ausstellungsarchitektur, Gestaltung, Realisierung, Filmproduktion.
i.A. Triad Berlin mit Art+Com für Wall AG, Berlin

Fussball Erlebniswelt
Projektentwicklung. Konzept, Inhalt, Architektur, Ausstellungsarchitektur, Gestaltung.
i.A. Triad Berlin

AstraZeneca VisionCamp 3 – Gedankenlabor zur Zukunft der Medizin, Berlin Workshop.
Konzept, Planung, Realisierung, Moderation.
i.A. AstraZeneca, Wedel

Framing Reality, Berlin
Event. Konzept, Planung, Realisierung.
i.A. Random House, München

Bürgerpreis zur Deutschen Einheit, Berlin
Web-Auftritt. Konzept, Gestaltung, Sponsorenakquisition, Realisierung, Public Relations.
i.A. Bundeszentrale für politische Bildung, Berlin mit Unterstützung der Deutschen Telekom AG, Bonn

Medien Gipfel, Berlin, Potsdam
Event. Konzept, Planung, Sponsorenakquisition, Realisierung.
i.A. media.net, berlinbrandenburg e.V., medienbüro berlinbrandenburg

Unter den Linden 1 – Bertelsmann AG. Unternehmensrepräsentanz, Berlin Mediale Inszenierung. Konzept, Gestaltung, Realisierung.
i.A. Triad Berlin mit Stall Interface AG für Bertelsmann AG, Gütersloh

Januar | Februar | März | April | Mai | Juni | Juli | August | September | Oktober | November | Dezember

2002

Im Frühjahr 2001 wurden Triad Architekten in Rahmen eines internationalen Bewerbungsverfahrens aus einer Gruppe von 275 Architekturbüros ausgewählt, an der ersten Phase des Realisierungswettbewerbes zum BMW EAZ teilzunehmen.

Die erste Auswahlrunde umfasste eine Gruppe von 27 weltweit anerkannten Architekturbüros. In die finale Auswahlrunde kamen sodann acht der besten Entwürfe, zu denen ebenfalls die Arbeit von Triad Architekten gehörte.

Ziel des Wettbewerbes war es, ein Bauwerk von herausragender Gestaltung und Organisation hervorzubringen, welches die Welt von BMW repräsentiert.

Im Zentrum des Entwurfes steht die Emotion, ein starkes Erlebnis der Besucher in der Begegnung mit dem Hause BMW. Die Architektur ist Teil dieses Erlebnisses und soll ein positives Lebensgefühl ebenso wie Markenidentität erzeugen. Die Grundstruktur des Gebäudes betont die Horizontale, legt sich respektvoll in die Landschaft der Parkanlage und bietet einen wohltuenden Abschluss zu den Trassen des Autoverkehrs.

Der Baukörper öffnet sich zum Park des Olympiageländes. Zum Straßenraum hin ist er in verschiedene sich überlagernde Flächen aufgelöst; die mit großem Schwung ausladende Ausfahrrampe des Auslieferungszentrums von BMW ist eine davon.

Im Zentrum der geschwungenen Ebenen liegt der linsenförmige Baukörper der Auslieferung selbst. Die „Linse" hat einen Durchmesser von 65 Metern und ist ein frei schwebender Rotationskörper mit zentraler Kegelöffnung. Unter der „Linse" liegt die Foyerhalle, welche das Sicht- und Orientierungszentrum für die angefügten Erlebnisbereiche bildet. Die gläserne Linse durchstrahlt nachts das Gebäude und fasziniert tagsüber durch ihre Lichteffekte.

Triad was one of the two hundred and seventy five architectural firms worldwide invited to take part in a competition for this project, for a brand experience centre and vehicle delivery facility for BMW. Their proposal passed the first round of selection, along with twenty-six others, and then made it onto the final shortlist of eight.

The central aim was to create a landmark building that would represent BMW to the world.

It was therefore essential that the visitor should be able to appreciate the values and emotions of the total BMW brand and identity, as safe, dynamic and responsible, and the architecture was part of this experience. The basic pattern of the building accentuated the horizontal, thus respecting the environment and so relevant to its purpose in the context of the motor industry.

The main building is situated by the park of the former Olympic village in Munich, a sensitive and complex area. As the building also functions as a delivery centre, the access ramps and roads necessary for this are an important part of the overall scheme.

The main formal element of the building is a lens-like structure, sixty-five metres across and seeming to float freely and rotate above the main foyer, which was where the visitor orientation and brand experience centre would be situated. Appropriately, the lens motif echoes the BMW circular mark.

The glazed lens and the associated light effects would locate the building visually in a dramatic fashion by day and night, a continuous expression of the brand and its relationship with the city of Munich.

München

BMW Erlebnis- und Auslieferungszentrum

Internationaler Architekturwettbewerb

März bis Dezember 2001

Auslober:
BMW AG, München

Realisierungswettbewerb:
mit vorgeschaltetem international offenem Bewerbungsverfahren

Entwurfsverfasser:
Triad Architekten Karl Karau mit Töpfer, Bertuleit und Lampe

Grundstücksfläche: 25.000 qm
Bruttogeschossfläche: ca. 50.000 qm
Max. Gebäudehöhe: 21 m
Anzahl der Geschosse: oberirdisch 4, unterirdisch 2

BMW Erlebnis- und Auslieferungszentrum

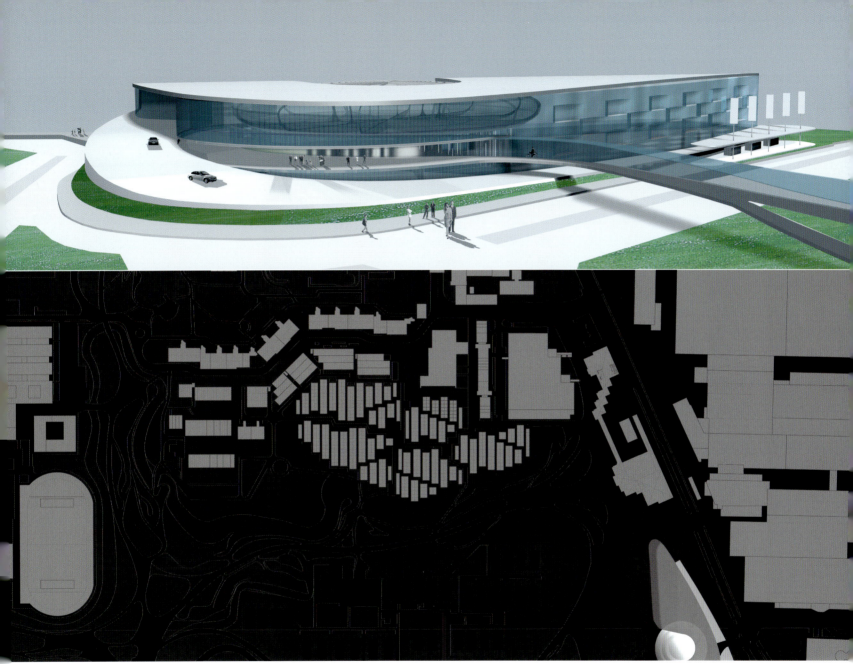

BMW Experience and Delivery Centre 131

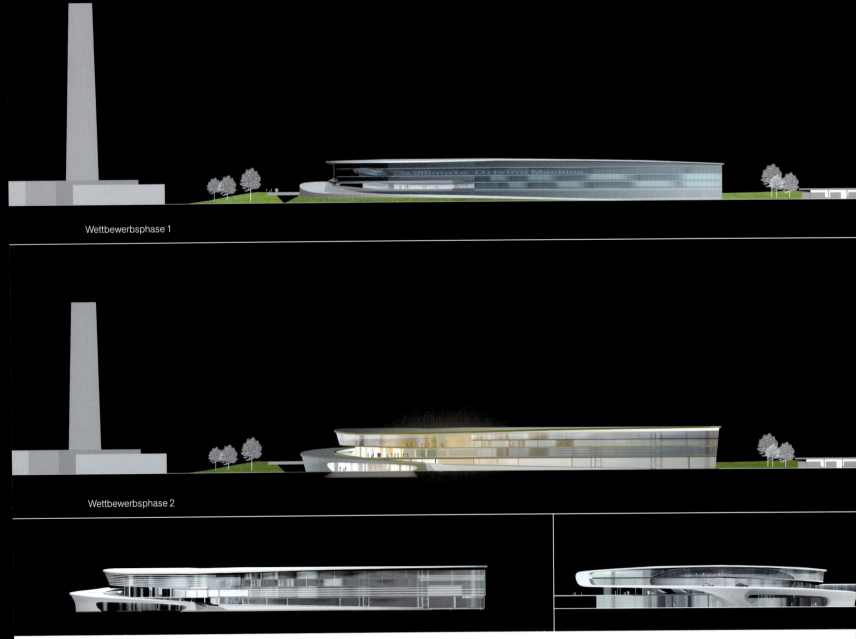

Wettbewerbsphase 1

Wettbewerbsphase 2

132 BMW Erlebnis- und Auslieferungszentrum

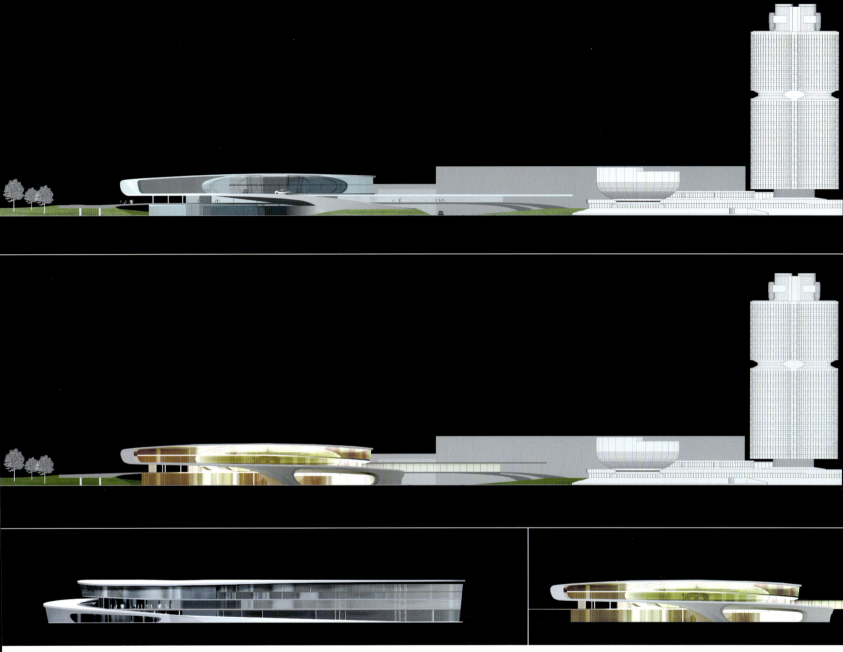

BMW Experience and Delivery Centre 133

Schon früh in ihrer Firmengeschichte hat Triad Berlin einen eigenständigen Umgang mit digitalen Medien entwickelt. Mit der Gründung der Stall Interface AG schärft die Triad ihr Profil.

Stall Interface erweitert die Präsenz von Informationen und Emotionen digitaler Medien in den Raum. Der bewusste und intelligente Einsatz von Schnittstellen macht in Zukunft eine Unterscheidung zwischen digitaler und analoger Information überflüssig: der inhaltlich geführte Dialog zwischen Installation und Mensch lässt den Nutzer unauffällig zwischen physischer und digitaler Welt wandeln. Wahrnehmung und Bedeutung des jeweiligen Mediums treten dabei in den Hintergrund. Ein grundsätzlicher Perspektivenwechsel ist nicht mehr notwendig. Stall Interface unterstützt eine einheitliche Wahrnehmung der Welt und setzt sich nachhaltig für eine verantwortungsvolle Gestaltung dieses Lebensraums ein.

Projektbeispiel: Bertelsmann „Unter den Linden 1"

Stall Interface produziert zur Zeit die mediale Ausgestaltung der neuen Berliner Firmendependance der Bertelsmann AG. Das Gebäude entsteht an einer der renommiertesten Adressen Berlins und wird sich äußerlich an seinem historischen Vorbild orientieren, der alten Kommandantur.

In seinem Inneren wird sich das Bild des modernen Medienunternehmens zeigen, nicht zuletzt durch die innovative Integration und Inszenierung von elektronischen Medien im Raum.

Early in its history Triad developed an independent approach to working with digital media and their social impact. The creation of Stall Interface as an independent division is intended to define this approach more clearly and give it a wider field of action.

Stall's role is to extend the presence of information and emotion in the given context. Realizing and appreciating these qualities is important, not the medium used. The intelligent and alert use of interfaces in the future will make the distinction between digital and analogue forms irrelevant. What will matter is creating content led dialogue between users and installations, without drawing attention to whether the mode is digital or physical, and without the old changes of perspective. Stall Interface bolsters a uniform perception of the world and sets the agenda for a responsible approach to this vital area.

Sample Project: Bertelsmann "Unter den Linden 1"

Stall Interface is currently producing a comprehensive design for the use of digital media throughout the new Berlin based corporate embassy of Bertelsmann AG. The building is situated at one of Berlin's most prestigious addresses and will be a replica of the historic "Alte Kommandantur".

As a contrast the building's interior will be representative of a contemporary media corporation with a most seamless and innovative integration of digital media into the venue.

Stall Interface AG
Marburger Straße 3
D-10789 Berlin
+49 (30) 21 90 98 919
www.stall.ag
kontakt@stall.ag

stall interface

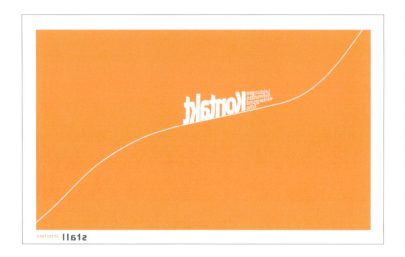
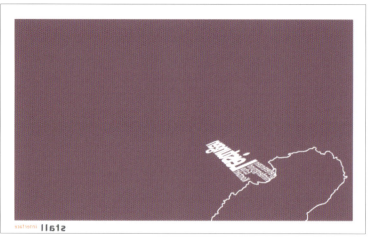

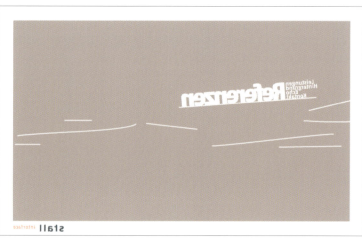

Die Lietzenburg wurde 1904 von Oskar Kruse gebaut und war die Wiege der Künstlerkolonie Hiddensee im 20. Jahrhundert. In dieser Vereinigung befanden sich Künstler wie Otto Mueller, Asta Nielsen, Gerhart Hauptmann, Walter Felsenstein, Ernst Busch, Gret Palucca, Stefan Heym und Harry Kupfer, aber auch Wissenschaftler wie Albert Einstein, Gustav Hertz, Sigmund Freud und Robert Rompe.

Die neuen Eigentümer beabsichtigten die inzwischen denkmalgeschützte Lietzenburg als Museum und Ausstellungshaus der Öffentlichkeit zu erschließen. In gemeinsamer Trägerschaft mit der Gemeinde Seebad Insel Hiddensee sollte dazu eine Stiftung gegründet werden.

Triad Berlin wurde im März 2001 mit einer Konzeptstudie zur inhaltlichen und wirtschaftlichen Projektentwicklung beauftragt. Auf dieser Grundlage wurden das Sanierungskonzept, die Architektur für einen Museumsneubau, Anträge zur öffentlichen Förderung sowie die PR-Strategie entwickelt.

Dauerausstellung Spurensuche: Wie die genannten Persönlichkeiten bereits beispielhaft zum Ausdruck bringen, bietet die Insel Hiddensee in hohem Maße einen repräsentativen Querschnitt der deutschen Geistesgeschichte des 20. Jahrhunderts mit den Schwerpunkten Kaiserzeit, Weimarer Republik und DDR. Auf rund 300 qm sollten die historischen Spuren der intellektuellen Pendler zwischen Natur und Metropolen durch Originalexponate, Reproduktionen und mediale Installationen in der Lietzenburg gezeigt werden.

Sonderausstellungen: In Erweiterung der Lietzenburg wurde ein modernes Ausstellungshaus mit 400 qm und weitgehend stützenfreien Räumen u.a. für die Präsentation von Sonderausstellungen geschaffen. Die Klarheit der Räume unterscheidet sich deutlich von der verschachtelten und verspielten Struktur der Lietzenburg, wodurch ganz andere Ausstellungskonzepte ermöglicht werden. Hinsichtlich der inhaltlichen Schwerpunkte werden einerseits Themen aus dem Spektrum der Dauerausstellung vertieft. Andererseits bieten die räumliche Nähe zu den Anrainerstaaten im Ostseeraum, aber auch die Tradition als Inspirationsquelle expressionistischer Kunst weitere interessante inhaltliche Anknüpfungspunkte.

Seminare: Neben der Kunstausstellung erlaubt das neue Ausstellungshaus auch eine Nutzung als Seminarzentrum.

The Lietzenburg country house was built in 1904 on the Hiddensee Island on the Baltic coast of Germany. It rapidly became the cradle for an artist and writer's colony, welcoming Otto Mueller, Asta Nielsen, Gerhart Hauptmann, Walter Felsenstein, Ernst Busch, Gret Palucca, Stefan Heym and Harry Kupfer, as well as scientists such as Albert Einstein, Gustav Hertz, Sigmund Freud and Robert Rompe.

After reunification, the new owners wished to open up the property as a museum and exhibition centre to the public, while retaining its heritage. The community of the seaside resort agreed in principle with the idea of creating a foundation to this end.

In March 2001 Triad were asked for a proposal both for the content and the organisation and structuring of the foundation. From this basis the architecture for the new building was developed, and a safe financial plan drawn up, ready for presentation to the public and to funding bodies. This was based around three concepts: the permanent exhibition, temporary exhibitions, and study units.

The permanent exhibition space, of about 300 square metres, would celebrate the relationship between the house and the literary and artistic history of Germany in the 20th century. The names mentioned above form a cross-section of all the major periods, especially the Imperial era, Weimar, and the DDR years. The track record of this "intellectual commuter line" from the cities to the country would be shown through original works, reproductions and media installations.

The special exhibitions would be shown in a 400 square metre space adjoining the house. This space has been created free of obstructions, despite the ornamental style of the other interior design, and with clearer lighting. The exhibitions will explore themes related to those of the permanent exhibition, some subjects common to the other Baltic coast communities in the area, and the artistic tradition of inspiration from nature, particularly in expressionist forms. The addition of the special exhibitions area and the study units transforms the building from a silent monument to an active participant in the artistic and intellectual life of the area.

The study units would be in a new, low building adjoining the exhibition area, with facilities for meetings and accommodating guest students.

Die Lietzenburg, Hiddensee

Projektentwicklung Ausstellungshaus

Konzept und Planung:
März 2001 bis September 2002

Im Auftrag von Anna-Maria Adrian, Klaus Prokop und Jörg Sannemann

Konzept, Inhalt, Architektur, Gestaltung, Public Relations

Entwurfsverfasser:
Triad Architekten Karl Karau

Dauerausstellung:
Im sanierten Altbau der Lietzenburg auf 300 qm

Sonderausstellung und Sonderveranstaltungen:
Im neuen Ausstellungshaus auf 400 qm

Die Lietzenburg

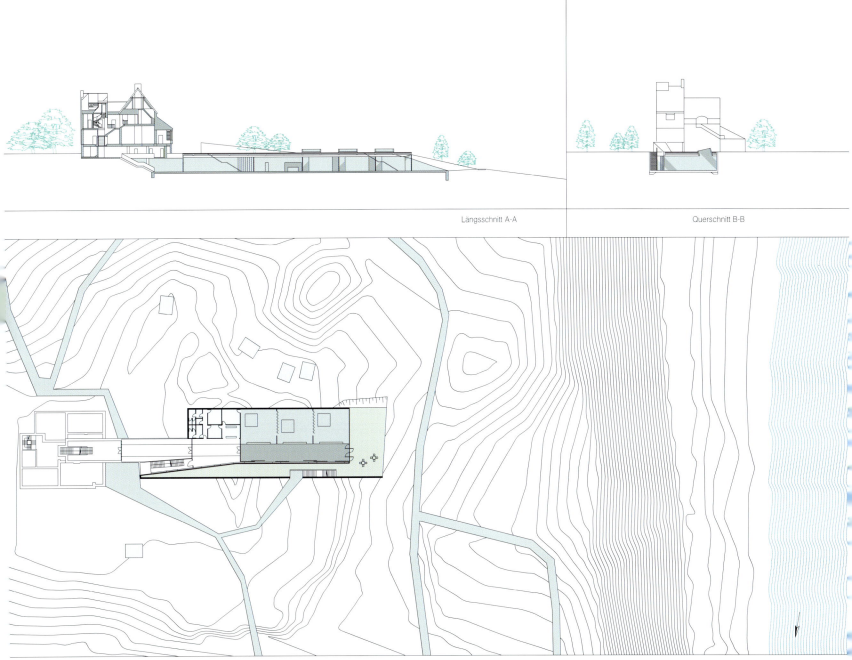

Längsschnitt A-A   Querschnitt B-B

The Lietzenburg 139

Stellt man das Leben auf den Kopf, bleibt alles anders!

Einmal pro Generation leistet sich die Schweiz eine Nationalausstellung. Dieses Mal fand sie an vier Ausstellungsplätzen an den Ufern der Westschweizer Seen, den Arteplages Biel, Murten, Neuchâtel und Yverdon statt. 10,5 Millionen besuchten die Expo.02 während der 159 Tage Laufzeit. Mit dem Pavillon Happy End knüpfte Triad an den Erfolg von Planet m auf der Expo 2000 in Hannover an.

„Happy End – Auf den Spuren des Glücks" war eine Einladung an alle Besucher, an einer Expedition ins eigene Leben teilzunehmen. Durch sinnlich inszenierte Augenblicke und Lebensmomente entstanden sieben begehbare Entdeckungsräume, die zwar nicht das reale Leben veränderten, jedoch bei vielen der 1,15 Millionen Pavillonbesucher den Blick darauf.

Spielerisch und emotional, dokumentarisch und kühl, experimentell und provokant wurden Geist und Körpergefühl geschärft. Mit Happy End gelang ein „postdigitales" Format, das sich nicht mehr der Grammatik des Digitalen und Kognitiven unterwarf, sondern alle Sinne der Besucher mit einbezog.

Neben der Architektur des Auftritts zeichnete Triad auch für die Gesamtkonzeption verantwortlich. Gebäude und Inhalte der 1.000 qm großen Ausstellungsfläche bildeten eine dramaturgische Einheit. Die Architektur folgte einer klaren geometrischen Formensprache: ein fragmentarisierter Kubus symbolisierte den „Baukasten des Lebens". Für den Auftraggeber, die Zürich Versicherung, ein hundertprozentiger Erfolg.

Pressestimmen:

„Eine kleine Expo in sich. Der Pavillon macht glücklich."
M. Rutz, FACTS 33/02

„Von der Ausstellung ‚Happy End – Auf den Spuren des Glücks' zeigen sich die Expo-Tester begeistert. Ausnahmslos."
Tages Anzeiger 06.05.2002

„Lange habe ich im Happy End - Pavillon in Biel bei den SOS-Notrufsäulen still in einer Ecke gesessen und nur beobachtet… Witz und Ironie auch hier."
Elke Heidenreich, Tages Anzeiger, 08.07.2002

„Zu den beeindruckenderen Ausstellungen gehört etwa ‚Happy End' in Biel. Hier gibt's keinerlei Multimedia, und man kann sogar seinen Hauptärger auf einen Teller schreiben und diesen zerschmettern."
Neue Zürcher Zeitung, 06.05.2002

If one turns life upside down everything remains the same!

Switzerland organises a national fair only occasionally, so the Expo.02 in Biel was a special event. As well as the cantonal exhibits, a number of companies commissioned stands: Zurich Insurance approached Triad, asking them to look at a motivating aspect of human life. The designers chose the subject of happiness to be the exhibition's main theme. They decided that it was more important for the visitors to understand what happiness is rather than just be made momentarily happy or have happiness shown to them in some way. They would leave the building ready to discover happiness in the real world.

The result was a linked series of eight spaces where visitors could share or experience different ideas linked to happiness – or the problems of its absence. The spaces interlocked to form a giant cube, symbolizing a component approach to life. The elements were playful and emotional, serious and cool, exciting and relaxing, documentary and provoking: see yourself in a flash of colour, ride the golden calf if success is your idea of happiness, exorcise your frustrations by smashing plates, listen to a song to calm your fears, then slide out – literally – into real life, down a steel ramp from the upper level of the building.

Happy End were the last words the visitors saw, and so took away with them: from the outside they appear reversed, reinforcing the message that happiness was to be found in the world, not delivered by an exhibit. The emphasis was on experience and emotion, not digital didactics, reality not fantasy. Over a million visitors enjoyed it, and some surveys rated it the most popular exhibit. The press liked it as well.

Press Response:

"An entire expo in one, which makes you happy."
M. Rutz, FACTS 33/02

"As to Happy End at the Expo, everyone who has tried it is enthusiastic. Invariably."
Tages Anzeiger, 06.05.2002

"I sat for a long time in the SOS call area of Happy End, quietly observing the emotions … ironies and wit all over."
Elke Heidenreich, Tages Anzeiger, 08.07.2002

"'Happy End' is one of the supporting exhibitions. No multimedia of any kind here, and you can even write the object of your anger on a plate and smash it!"
Neue Zürcher Zeitung, 06.05.2002

Expo.02, Biel, Schweiz

Happy End – Auf den Spuren des Glücks

Mai bis Oktober 2002

Pavillon der
Zurich Financial Services, Zürich

Leitagentur für Inhalt, Architektur, Gestaltung

Gesamtkonzeption, Szenografie, Generalplanung und Durchführung als Totalunternehmer, Konzeption und Durchführung Pavillonbetrieb

Entwurfsverfasser:
Triad Architekten Karl Karau
mit hollenbeck | plato

Bauzeit: Dezember 2001 bis März 2002

Grundstück: rund 900 qm

Pavillon Happy End
Größe: 28 × 28 m, Höhe 12 m;
1.200 qm Bruttogeschossfläche

Über 1.150.000 Ausstellungsbesucher

Happy End

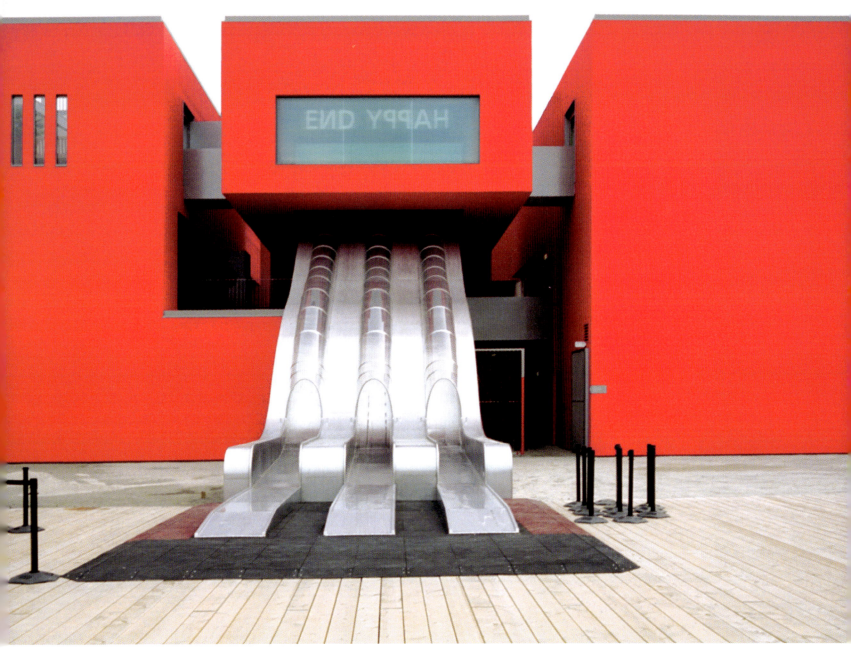

Happy End 143

Happy End 145

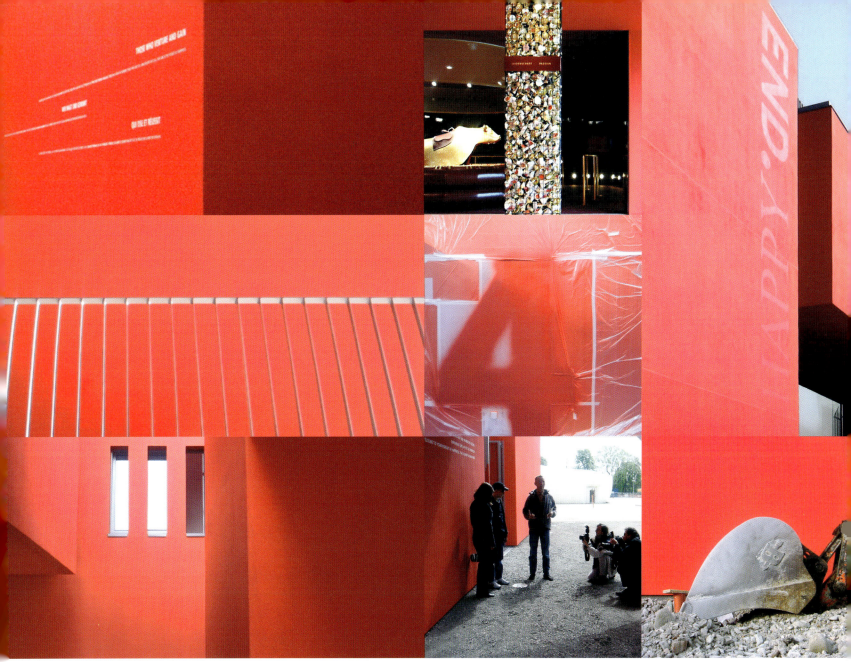

Happy End 147

148 Happy End

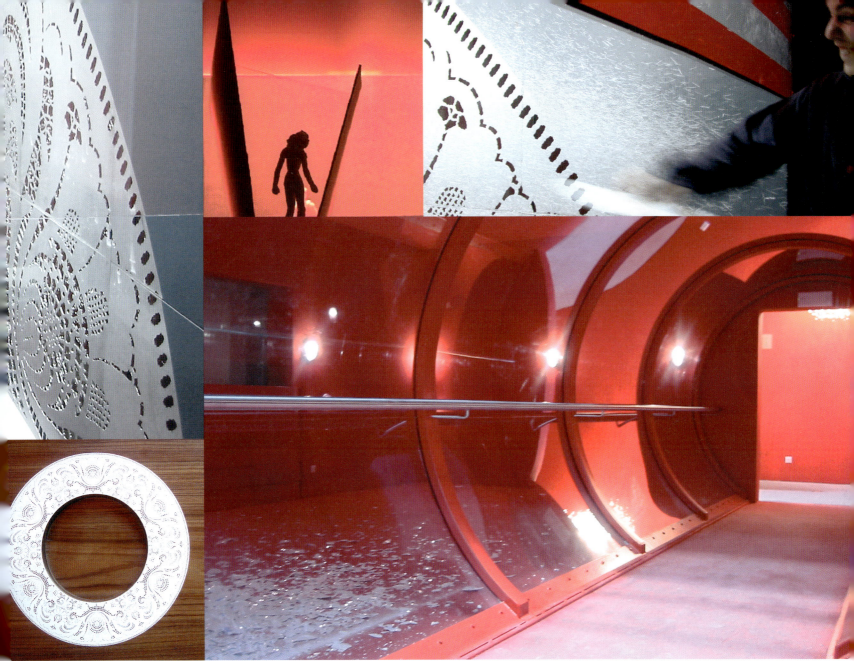

Das Gebäude als Medium

Die formale Sprache des Gebäudes entwickelt sich aus einer inneren Dramaturgie, die mit der Abfolge der Räume und Funktionseinheiten gesetzt wird. Die unterschiedlichen Kommunikationsformate (Ausstellung, Veranstaltung, Café) werden in separaten Modulen umgesetzt, die einen Wechsel von öffentlichen und nichtöffentlichen Bereichen jederzeit möglich machen. Die innere Abfolge ist funktional und erlebnisorientiert zugleich, da sich mit Ausweitungen und Verengungen der Raumdimensionen immer wieder neue Perspektiven für die Besucher ergeben. Die architektonische Form des Gebäudes lehnt sich mit einer aufwärts strebenden Bewegung in den öffentlichen Raum. Das formale Ergebnis ist eine kubische Grundform, die Dynamik und Avantgarde ausdrückt. Das inhaltliche Ergebnis ist eine Architektur, die kommuniziert.

Die Berlin-Ausstellung

In Berlin existiert bislang kein zentraler Punkt, der sowohl einen Überblick zur Orientierung als auch eine erste Einstimmung auf die Stadt bietet. Mit dem Ausstellungs- und Informationspavillon soll diese Lücke geschlossen werden.

Die Berlin-Ausstellung vermittelt den Besuchern in vier thematischen Schwerpunkten einen pointierten Blick auf Berlin:

- Stadtentwicklung und Infrastruktur
- Wirtschaftsstandort und Shoppinglocation
- Kultur und Unterhaltung
- Hauptstadt und Politik

Jeder einzelne Themenbereich wird aus einem historischen und biografischen Blickwinkel betrachtet. Die Themendarstellung wird auf der begrenzten Ausstellungsfläche beispielhaft geschehen und ist als Pars pro Toto zu verstehen.

Der Pavillon ist das Foyer – die Stadt ist die Bühne!

Der Ausstellungs- und Informationspavillon ist der zentrale Ausgangspunkt und Meeting Point für Führungen durch das neue Regierungsviertel und die neue Mitte Berlins. Als Treffpunkt für Politiker, Multiplikatoren und Medien bietet der Pavillon eine Plattform für einen „Berliner Diskurs". Er steht künftig im Mittelpunkt, wenn es darum geht, sich über Berlin zu informieren und sich von der Stadt inspirieren zu lassen.

The building as vehicle

The formal language of the building developed from the inner dramaturgy, and the ordered succession of the rooms related to their functions. The different communication formats (exhibition, event, coffeehouse) are handled in a modular way, so that spaces can be simply transformed from public to private access at any time. The inner succession of spaces is functional but also builds the visitor experience, and changes of level and perspective show new aspects of the interior. In one upward movement the building's shape leans into public space. Its form needs to express this transition and the importance of the location through a single, positive statement. The formal result is a cubical basic form that expresses the dynamics of its position and makes for an architecture that is concerned with content and communication.

The Berlin Exhibition

Until now there has been no central venue in Berlin, that offers guidance, information and wayfinding to the city's visitors in a one-stop experience. This need will be met by a special exhibition within the building.

The Berlin exhibition offers the visitor an overview of Berlin and its inhabitants. There are four key themes here:

- Urban development and infrastructure
- Office facilities and shopping areas
- Culture and leisure
- Politics and the capital city

Each of these topics is considered from a biographical and historical perspective. Condensing the potential wealth of information onto the limited space of the display boards was a major challenge: magnum in parva!

The pavilion is the foyer: the town is the stage!

The pavilion with its exhibition and information bureau is also the starting point for guided tours through the new ministerial and governmental quarter of Berlin and the new city centre, developed after the wall came down. In a city of politics, business and media, the project provides the centre for a "Berlin discourse," an opportunity for the visitor to learn about the new Berlin, how it functions and what its future potential is.

Berlin

Projektentwicklung: Entwurf für einen Ausstellungs- und Informationspavillon

Konzept für eine permanente Berlin-Ausstellung

2002

Ein Projekt von Triad Berlin

Entwurfsverfasser:
Triad Architekten Karl Karau

Dimensionen des Pavillons:
Ausstellung: 232 qm
Café: 53 qm
Veranstaltung: 38 qm
Foyer: 74 qm
Dachterrasse: 120 bis 180 qm

Bruttogeschossfläche: 678 qm
Bruttorauminhalt: 2434 cbm

Ausstellungs- und Informationspavillon

Visitor Information Pavilion 153

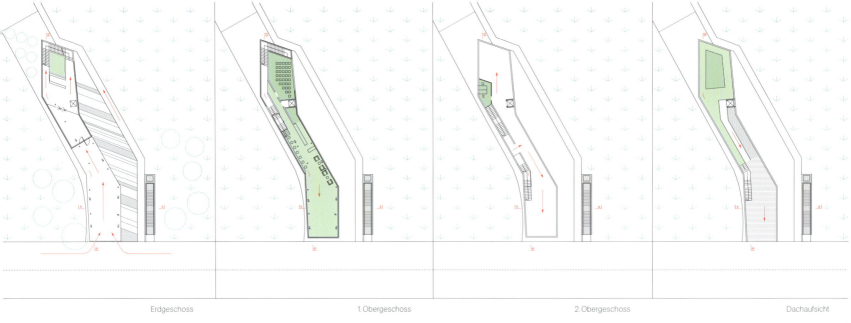

Erdgeschoss   1. Obergeschoss   2. Obergeschoss   Dachaufsicht

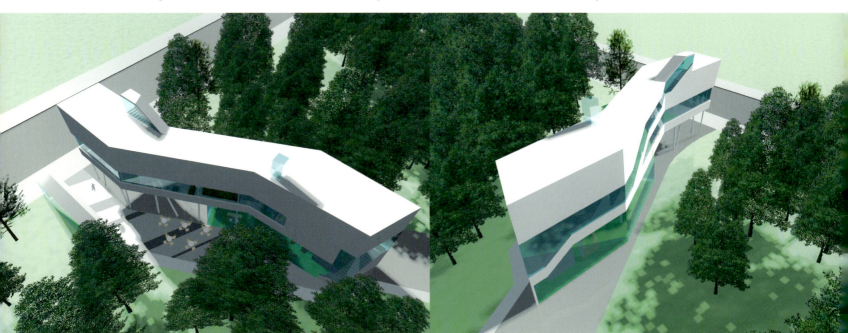

154 Ausstellungs- und Informationspavillon

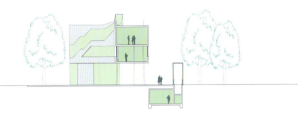 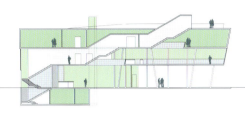

Schnitt A-A   Schnitt B-B

Visitor Information Pavilion 155

1994 bis 2002 Wir danken **Thanks to:** Agnes Stauber Agnieszka Jasinska-Bajric Alexander Artopé Alexander Bartneck Alexander Koch Alexander Schmidt Alexander Schulz Alexandra Lange Alexandra Zöllner Andor Poll André Pfeiffer Andrea Schraepler Andreas Krüger Andreas Kühn Andreas Pinkow Andreas Schmitz Anja Appleby Anja Oßwald Anja Simons Anja Valentin Annegret Heine Annette Holik Annika Blunck Ansgar Meemken Antje Grabenhorst Arne Krasting Astrid Moos Axel Büther Bele Ducke Bettina Probst Birgit Götz Birgit Maier Birte Buschmeier Boris Bouanani Boris Jöns Carola Neumann Caroline Beer Caroline Francotte Caroline Wegener Cedric Ebener Charlotte Tamschick Christa Erschfeld Christa Fellberg Christiane Stöhr Christine Burkhard Christine Heubi Christine Sauter Christoph Hildebrand Christoph Tanneberger Claudia Mandorf Claudia Stumpf Claudius Lazzeroni Claus Schäfer Claus-Martin Michaelis Conny Hoffmann Corinna Viel Daniel Schiel Daniela Kratzsch Daniela Martinowa Daniela Plewe Deborah Fetke Dirk Bertuleit Dirk Heesakker Dorothee Kaser Edith Walter Eltje Jordan Enrico Repouz Erik Cock-Johnsen Farid Rivas-Michel Frank Kunkel Frank Ophoff Frank Otto Franziska von Massenbach Frauke Franz Gabriele Engler Gabriele Herschel Gabriele Osterloh Gelia Eisert Gerd Fittkau Gisela Krone Gökhan Ilbeyi Guy Impson Hajo Gawins Hajo Sommer Harald Lipken Heike Czygan Heike Reinsch Heiko Bensch Helge Dieck Holger Fischer Ilka Fodor Ingo Plato Isabelle Buchmann Jan Pauen Jan Schiffer Jan van Beusekom Jane Michalik Jan-Michael Strauch Jean-Claude Granval Jessica Meyer Joachim Koch Joel Amar Johannes Klose Johannes Krug Jolanta Marquardt Jonathan Schöning Jörgen Scholle Jula Tüllmann Julia Arnold Julia Müller-Novak Julia Saal Julien Kwan Jutta Osthues Kai Schaer Karin Messlinger Karl Karau Katharina Albrecht Katharina Hafermaas Katharina Langhammer Katherina Barth Katja Hoyer Kay Krull Kay van Praagh

Acht Jahre Triad Berlin

Kerstin Lohmann Kerstin Reimers Kerstin Riedel Kirstin Gallasch Klaus Hollenbeck Kolia Gruber Krystov Hülsen Leonie Schäfer Lutz Engelke Maja Slansky Malte Clavin Manuel Tröndle Marc Boettcher Marc Burgdorff Marc Felkl Marco Litterst Maria Gleichmann-Pieroth Markus Stöhr Martina Mahlo Matthias Einhoff Matthias Horwitz Matthias Kaminsky Matthias Reiser Matthias Stausberg Max Tischler Meike Rott Melanie Porcella Michael Dodt Michael Dörfler Michael Kielmann Michael Lerch Michael Spang Mina Hagedorn Monica Poenaru Monika Bischoff Monika Gläske Monika Halkort Monika Oesterwind Muriel Biedrzycki Nadja Raabe Natascha Hafermaas Nico Raschick Nicola Kuttner Nicole König Niel Smith Nikolaus Hafermaas Norma Eichhoff Olaf Brusdeylins Olaf Wyludda Ole Bahrmann Oliver Lubrich Oliver Schwarz Patrick Rau Paul Engelke Peter Hoenisch Peter Langer Peter-Paul Kubitz Petra Ahne Petra Häußer Rahel Kindermann Rainer Kaufmann Ralf Schafstall Ralph Schönfeld Raoul Gersson Rasca Gmelch Rebecca Riedel Regina Tetens Reinhard von Bergen-Wedemeyer René Michael Zulauf Rita Bertelsmeier Robbie Forel Robert Buch Roger Peuker Roland Riedel Romana Eder Ruth Münzner Sabine Dittler Sabine Kahlenberg Sabine Mokros Sandra Töpfer Sanja Belancic Sebastian Peichl Sebastian Soukup Silvia Schneider Stefan Kleßmann Stefan Richter Stefanie Aehnelt Stefanie Liesegang Stefanie Wildschütz Stephan Görgens Stephanie Kalus Stephanie von Oppen Steve Johnson Susanne Ackers Susanne Beermann Susanne Oemus Susanne Schuricht Sven Müller Sylke Hildebrand Sylvia Adams Tanja Lay Teresa Farkas Thomas Bengeser Thomas Beutelschmidt Thomas Fißler Tilo Fuchs Tom Duncan Tom Richter Tonda Oberbacher Torsten Belschner Tsolmonchimeg Lkhagvaa Uwe Kohn Violeta Mulaj Volker Gustedt Volker Klingenburg Volkmar Schmidt Wilfried Engelke Wolfram von Bremen… Sie und viele andere waren dabei. These and many others have been with us.

Eight Years of Triad Berlin

 …Pantone 1665 „CMYK"! AA
 …ein langer, roter Teppich hin zu vierzig Kubikmeter Elektrosmog. AB
 …Basislager und Space-Shuttle in einem. AH
 …ein genial-innovatives Team – im Übrigen: unbeschreiblich! AL
 …ein quirlig-aktiver Ameisenhaufen, bei dem man permanent oben krabbeln muss, um den Überblick zu behalten. APo

 …die Querdenkfabrik. CSt
 …Bewegung. CW
 …ein humorvoller Haufen unterschiedlichster Charaktere, die einem immer zum Lachen, aber auch zu reichlich Arbeit verhelfen. DF
 …das einzige Synonym für Triad. DH
 …Vergnügen. EJ

 …ein Kosmonaut der Kommunikation mit bestem Funkkontakt zur Erde. HB
 …die Verewigung der Kindheit. HD
 …rocksandroses – attitude. HC
 …etwas, was mir jegliche Hobbies erspart außer Musik. HG
 …ständiges Lernen. HL

 …immer einen guten Satz wert. KR
 …wenn Alltag und Phantasie Sex haben. LE
 …eine kulinarische Herausforderung. MG
 …mein „Flugzeugträger" im Haifischbecken. MK
 …oft überraschend und immer wieder eine Herausforderung, der man sich gern stellt. ML

 …reizt meine Neugier und meinen Ehrgeiz und tröstet meinen Geldbeutel. PH
 …Berlin. RE
 …Triad, noun [C], a secret Chinese organization involved in illegal activities such as selling drugs (Definition from Cambridge International Dictionary of English) RF
 …eine chaotische Gruppe von Spezialisten, die trotzdem immer wieder Erstaunliches zuwege bringt. RG
 …GRÜN! – BLAU! GRÜN! – BLAU! RS

Triad ist…

…eine „unerschöpfliche Quelle unterschiedlichster Erfahrungen" aus den verschiedensten Bereichen. AnS

…ein kreatives, in allen Situationen reagierendes, fähiges, mit vielen netten Menschen existierendes Berliner Unternehmen. AV

…der Start in ein erfolgreiches Berufsleben! BoB

…eine exotherme Reaktion, ausgelöst durch äußerst diszipliniertes Rumspinnen! CE

…mein Hafen. CL

…ein Melting Pot. FO

…immer wieder für eine Überraschung gut. EW

…ein Puzzlestück zum Glück. GE

…ganz normal anders. GH

…ein Laufband. GI

…Arbeiten auf höchstem Niveau, Menschen mit spannender Geschichte, ein tolles miteinander Umgehen. JK

…eine Rose. JP

abcdefghijklmnopqrstuvwxyzäöü
ABCDEFGHIJKLMNOPQRSTUVWXYZÄÖÜ
1234567890¤ƒ%&@   mmm…,)-;-) JvB

…ein Sparringspartner. KA

…ein Jungbrunnen. KK

…Ein kreatives Kraftfeld, das sich durch Zusammenprall, Austausch und Bündelung von Energien ständig erneuert. MS

…neugierig. MSt

…mach's mit, mach's nach, mach's besser! NE

…ein Ort stetiger Auseinandersetzung. NaH

…ein Himmel voller Stuck. NH

…eine flexible dynamische Struktur kluger Köpfe mit vielseitigen und sich ergänzenden Talenten zur Realisierung von Projekten. SK

…ein farbenprächtiges Mosaik aus Ideen und Know-how. SvK

…wie eine wagenbachsche Zwiebel, schnell, scharf, schwierig – und hinter jeder Schicht tut sich immer wieder eine neue auf – natürlich voller Überraschungen. SR

…der permanente Aufenthalt auf der Überholspur: Man ist schnell, aber der Nächste ist immer vor einem, und ein Crash ist immer präsent. TFu

…mein Inhalat. VK

Triad is …

Triad Berlin ist eine unabhängige Projektgesellschaft, die sich seit 1994 auf die inhaltliche und mediale Konzeption, Projektentwicklung, Planung und Realisierung von Inszenierungen spezialisiert hat. Ausstellungen, Produktpräsentationen, Messen, Symposien und Events gehören zu den Projekten, die das rund fünfzigköpfige transdisziplinäre Team von Triad erarbeitet. Diese Projekte werden sowohl im Auftrag von Industrie und Kultureinrichtungen als auch auf eigene Initiative realisiert.

Triad Berlin plans, designs and realizes commercial and cultural projects. Triad creates in the field of arts and culture, media, technology, design and architecture. Whether exhibitions, corporate presentations or events – the approach is always interdisciplinary. About 50 employees shape the think-tank with their daily work. Triad is an autonomous space for independent thinking.

Triad Berlin Projektgesellschaft mbH   Marburger Strasse 3   D-10789 Berlin
Fon +49 (30) 21 90 98 50   Fax +49 (30) 21 90 98 61   ISDN +49 (30) 21 47 81 50   www.triad.de   info@triad.de

Bibliographic information published by Die Deutsche Bibliothek

Die Deutsche Bibliothek lists this publication in the Deutsche Nationalbibliografie; detailed bibliographic data are available in the Internet at http://ddb.de.

ISBN 3-929638-76-2   Printed in Germany

avedition GmbH   Verlag für Architektur und Design   Königsallee 57   D-71638 Ludwigsburg   www.avedition.de   kontakt@avedition.de

Abbildungen **images**:   Alexander Bartneck: 086 (Animation)   Andreas Pinkow: 085   Boris Jöns: 068   Claus Schäfer: 023   Gert von Bassewitz: 017, 095, 096, 097, 098, 099   Holger Herschel: 020, 032, 033, 055, 101, 103, 104, 105   Holm Deus: 151   Jan van Beusekom: 107, 108, 109   Karl Karau: 084   Kerstin Riedel: 154   Linus Lintner: 117, 118, 119, 120   Lutz Engelke: 011, 070   Nikolaus Geyer: 086   Nikolaus Hafermaas: 008, 009, 010, 012, 013, 018, 021, 024, 028, 035, 036, 037, 038, 050, 052, 058, 059, 060, 061, 064, 065, 066, 067, 075, 079, 080, 081, 127, 144, 145, 146, 147, 148, 149, 150, 151   Olaf Wyludda: 082, 083   Rahel Kindermann: 022   Roland Horn: 123, 124, 125, 126   Romana Eder: 030, 037, 053, 061, 078, 144, 148, 150, 151   Stefan Minder: 014, 143, 144, 146, 148, 149, 150, 151

Trotz umfangreicher Bemühungen ist es uns nicht gelungen, alle Rechteinhaber der genutzten Fotos zu ermitteln. Wenn Sie berechtigte Ansprüche nachweisen können, wenden Sie sich an: Triad Berlin Projektgesellschaft mbH, Stefan Klessmann.

Zahlreiche der genannten Projekte sind nur Dank der Unterstützung mit uns kooperierender Partner möglich gewesen. Stellvertretend danken wir: Andreas Toholt e.K., AG Network Technology, Berlin   Art+Com Medientechnologie und Gestaltung AG, Berlin   Atelier Markgraph GmbH, Frankfurt a.M.   Einstein Forum, Potsdam   Büro am Draht GmbH   Christian Kuckert, architekten greive.diflo.kuckert, Münster   Dr. Christine Otto, Autorin, Berlin   Christoph Wegner, Amptown Sound & Communication GmbH   Cineplus Mediaservice GmbH & Co.KG, Berlin   das werk Digitale Bildbearbeitungs GmbH, Berlin   Prof Dr. Dirk-Mario Boltz, Berlin   event design GmbH, Stuttgart   Flying Saucer, Berlin   Flyx Film GmbH, Berlin   Fred Oed & Partner GmbH, Ludwigsburg   Hardenberg Concept, Berlin   Holger Herschel, Fotograf, Berlin   Hopf & Schmitz Agentur für Kommunikation GmbH, Berlin   Jeannot Bessière, Lichtdesigner   Joseph Hoppe, Deutsches Technikmuseum Berlin   Lars Friedrich, LFM-Lars Friedrich Media, Berlin   marbdrei BureauService GmbH, Berlin   Briilo Pechhold, Worxx Media Factory, Berlin   Milla & Partner GmbH, Stuttgart   moniteurs GbR, Berlin / Haike Nehl, Heidi Specker, Sibylle Schlaich   Nofrontiere Design GmbH, Wien   pReview, Berlin   Rainer Beddig, Mediaservice Rainer Beddig   Roland Leonhardt Medien, Berlin   Schaubühne am Lehniner Platz, Berlin   Schierholz Saxer Werbeagentur Ges.mbH Nfg. KG, Wien   Thomas Hofmann, Media! AG, Berlin   Dr. Ute Tischler, Kuratorin, Berlin

Autorendank   **The Author Thanks**: Talking to designers about their work is fascinating: sitting on a sunny balcony and drinking green tea to do so makes it fun as well. Splendiferous thanks to everyone at Triad for their enthusiasm. I'm only sorry I never got to hear Lutz playing his drum kit.
Conway Lloyd Morgan   October 2002

© 2003 **av**edition GmbH, Ludwigsburg und Triad Berlin

This work is subject to copyright. All rights are reserved, whether the whole or part of the material is concerned, and specifically but not exclusively the right of translation, reprinting, reuse of illustrations, recitation, broadcasting, reproduction on microfilms or in other ways, and storage in data banks or any other media. For use of any kind the written permission of the copyright owner must be obtained.

Konzept **concept**
Triad Berlin
Conway Lloyd Morgan

Gestaltung **design**
Triad Berlin: Kerstin Riedel,
Nikolaus Hafermaas, Romana Eder

Redaktion **editorial**
avedition: Petra Kiedaisch, Anja Schrade
Triad Berlin: Lutz Engelke,
Nikolaus Hafermaas, Romana Eder

Projektbeschreibungen **project texts**
Triad: Lutz Engelke, Volker Klingenburg

Koordination **coordination**
Triad: Romana Eder

Aus dem Englischen übertragen von
Translated from the English by
Isabel Bogdan

Aus dem Deutschen übertragen von
Translated from the German by
Conway Lloyd Morgan

Korrektur Englisch **proofreading**
Vineeta Manglani

DTP
Triad: Kerstin Riedel, Gregor Orlowski

Produktion **production**
avedition: Gunther Heeb

Druck **print**
Leibfarth & Schwarz GmbH & Co. KG,
Dettingen/Erms

ISBN 3-929638-76-2